CONFÉRENCES

DES FRÈRES PRÊCHEURS

DE

NOTRE-DAME DE PARIS

CARÊME 1897

L'ÉGLISE

PRIX
de la livraison
0 fr. 25

PRIX
de l'abonnement
1 fr. 50

1re CONFÉRENCE

RAISON D'ÊTRE DE L'ÉGLISE

PARIS

BUREAUX DE LA REVUE THOMISTE

222, rue du Faubourg St-Honoré

Seule reproduction *in extenso* autorisée

DÉPOSITAIRES EXCLUSIFS POUR L'ÉTRANGER

Société belge de Librairie, 16, rue
..., Bruxelles.
Librairie de l'Université à Fribourg.
Vve J. R. Van Rossum à Utrecht.
Granger frères, 1699 rue Notre-
...réal.

ESPAGNE. — Gregorio del Amo, 6, calle de la
Paz (Madrid).
ALLEMAGNE ET AUTRICHE-HONGRIE
B. Herder, ÉDITEUR PONTIFICAL à Munich (Ba-
vière); à Fribourg (Bade); à Strasbourg (Alsace-
Lorraine); à Vienne (Autriche).

CONFÉRENCES DE NOTRE-DAME

CARÊME 1897

Première Conférence. — 7 mars 1897.

Raison d'être de l'Église. — L'Enseignement surnaturel

Monseigneur (1),
Messieurs,

Il n'y a pas de doute possible sur la pensée de ceux qui fondèrent les conférences de Notre-Dame : ils voulaient proposer aux hommes de Paris et de la France un enseignement dont le caractère facile à constater fût l'actualité. Laissant aux autres chaires le soin de l'évangélisation ordinaire, ils réservaient à celle-ci la gloire d'un enseignement où se retrouvassent les préoccupations du temps et même le langage que parlaient les hommes de ce temps. Pareille prétention n'allait pas sans une audace que tous ne comprirent pas, sans une confiance en soi-même et dans l'opinion publique où

(1) Son Em. le cardinal Richard, archevêque de Paris.

(Sténographié par Gustave Duployé, 36, rue de Rivoli.)

l'on vit de la présomption ; et pourtant Dieu sait (et nous-mêmes nous en sommes les témoins) à quels merveilleux résultats aboutit cette audace. Nous vivons encore, Messieurs, de l'effort de ces hommes et des grands évêques qui les défendirent contre les préjugés plus ou moins sincères des premiers temps ; et, s'il reste encore quelque espérance, en nos ruines, la joie en remonte jusqu'à eux. Leur première récompense — (ce n'est pas la plus haute, sans doute, car Dieu les a payés d'un prix plus relevé, mais celle-là est belle encore) — fut l'hérédité merveilleuse qui servit la continuation de leur pensée. A travers notre génération, leur parole a continué de couler comme un fleuve majestueux, aux flots duquel bruissent encore leurs voix et où se reflète leur image.

Je ne veux pas m'arrêter à l'éloge des ouvriers de la deuxième heure, parce que je courrais risque de paraître indiscrètement louer la famille religieuse à laquelle j'appartiens, et cette illustre Compagnie qui continua de donner des émules aux fils de saint Dominique, comme elle avait donné Ravignan pour émule à Lacordaire. Mais vous ne me pardonneriez pas d'oublier celui-là de qui je reçois prématurément leur héritage. Vous avez entendu ailleurs, d'une voix bien autrement autorisée que la mienne, l'éloge des vertus du prêtre, des talents de l'écrivain, de l'orateur, de l'administrateur, la mise en relief des pensées intimes et des œuvres extérieures. Peut-être, ici, sous ces voûtes, eût-on évoqué avec plus de puissance les regrets qui sont dans vos âmes et dont je craindrais pour moi-même la continuité, si je ne les partageais avec une sincérité qui m'assure votre bienveillance. Autant que ses devanciers, il était de son temps, suivant le précepte de Lacordaire ; il voulait donner Dieu aux hommes de sa génération tel qu'ils étaient capables de le comprendre, de l'aimer et de le servir. Les temps étaient autres ; l'accent le fut aussi. Les âmes restaient semblables, et il est impossible de ne pas reconnaître en lui l'héritier des premiers conférenciers, pour lesquels il n'y avait qu'un rêve : être de leur siècle, et vivre avec lui pour l'amener à Jésus-Christ.

Il semble donc que je n'aurais qu'à suivre le sentier où la mort a brusquement arrêté ses pas. Mais vous le concevrez facilement, en le faisant je ne répondrais pas à son propre désir. Appelé à vous évangéliser, j'ai reçu, en même temps que cette mission — dont j'aurais peur, si je ne me confiais en Dieu — l'indication du sujet que je devais aborder devant vous. Vous avez, Monseigneur, été justement frappé des périls où s'est jetée la société moderne, en engageant contre l'Église la lutte dont nous sommes les témoins et les victimes. Vous avez cru justement, avec Léon XIII, que cette lutte procédait de l'ignorance profonde où nous sommes de la nature, de la mission, de l'organisation, de l'action de l'Église, et vous me proposâtes d'essayer, en cette chaire, l'exposition de cette doctrine. Il m'était d'autant plus facile, Messieurs, d'accepter le mandat en cette forme, que, depuis longtemps, mes pensées s'étaient tournées vers le même objet. Réussirai-je à vous intéresser ? Dieu le sait ; mais moi, je sais que vous n'élèverez jamais vos exigences et, je l'espère, votre sympathie, à la hauteur de mon dévouement au Seigneur Jésus-Christ, à son Église et à vos âmes.

Laissant à Dieu le soin de l'avenir, nous étudierons, cette année, l'Église en sa raison d'être qui est la conservation et la diffusion de la vérité surnaturelle, conformément aux enseignements de Jésus-Christ, et pour ce jour l'objet de notre étude sera la nature même de l'Église, société des âmes qui croient en Jésus-Christ comme Rédempteur et médiateur — s'inspirent de ses leçons et de ses exemples — et attendent de lui le salut de leurs âmes.

L'Église, comme société, ressemble à toutes les autres sociétés. Elle pourrait même leur servir de type, puisqu'elle a traversé des siècles plus nombreux que ceux dont leur histoire s'enorgueillit, et qu'elle a pour l'avenir des promesses et des espérances, dont elles ne peuvent se targuer. Mais elle est d'esprit assez large pour nous permettre de la comparer aux sociétés inférieures, et, soyez tranquilles, elle ne s'étonnera jamais du procédé que nous employons pour la servir. Voici comment notre sujet se divise : l'Église est une société véritable par la ressemblance exacte avec les sociétés ordinaires ; elle est une société parfaite, parce qu'on trouve en elle la perfection des caractères qui distinguent les sociétés véritables.

Bien que nous ayons coutume de donner le nom de société à toute réunion d'hommes poursuivant un but commun par des moyens semblables, nous réservons, en réalité, ce nom pour les associations nombreuses, permanentes, autonomes. Dès lors, la société se doit définir une association poursuivant librement, dans l'unité des croyances, des aspirations et des pratiques, un but commun qui est le bien général. Ainsi la véritable société se distingue des écoles, des partis, des cités, pour arriver finalement à être un peuple ou une nation. Le bien général primant le bien individuel, la poursuite de ce bien général par des convictions et par des pratiques communes, tel est le caractère propre des vraies sociétés.

Tout d'abord l'unité des croyances, des aspirations et des pratiques.

Les hommes ne peuvent être réunis que par une similitude d'idées, de sentiments, et, par conséquent, d'œuvres qui, en élargissant son action, arrive à former les sociétés, de sorte que l'on pourrait dire des peuples qu'ils ne sont qu'une réunion d'amis élevant plus haut leurs croyances, dans l'aspiration vers un bien plus relevé, assuré non seulement à une famille, une cité, une génération, mais à l'ensemble des hommes qui l'ont conçu et à tous ceux qu'ils en peuvent faire participants.

Toutefois cela ne suffit pas à caractériser une véritable société : il faut ajouter le nombre, et saint Thomas d'Aquin emploie ici, avec sa précision pittoresque, le mot de *multitude*, écartant l'idée de toute réunion restreinte et subalterne. Sans doute, nous rencontrons, dans l'histoire, de simples cités, Pise, Gênes, Florence, Venise au moyen âge ; Sparte, Athènes, Rome dans les temps antiques — dignes de porter le nom de sociétés et qui représentent tout d'abord autre chose que cette multitude visée par saint Thomas d'Aquin... Ne nous y trompons pas, Messieurs, ces cités se proposaient tout bonnement de conquérir, sinon le monde entier, au moins la large part que les circonstances leur permettraient d'y prendre. Alexandre réalisa la pensée d'Athènes et de Sparte, César la pensée de Rome; Pise, Gênes, Venise, Florence ont porté assez loin leurs bannières et pris assez de place sur la terre, pour qu'il soit permis d'oublier le nid étroit où fut couvé l'aigle dont les ailes s'étendirent à l'Orient et à l'Occident, au point de croire, comme Charles-Quint, que le soleil ne se couchait plus sur son domaine. L'idée de *multitude* répond seule à l'idée de société, et lorsque nous considérons les commencements des peuples historiques, nous avons immédiatement, dans le petit groupe des pâtres conduits par Romulus, ou des guerriers réunis autour de Clovis, la prévision de la grande Rome d'Auguste et de la noble France de Charlemagne. La multitude est déjà dans cette poignée d'hommes et il n'est pas besoin d'être prophète, quand on a le sens de l'histoire, pour lire, dans leurs agitations — incertaines — les brillantes destinées de leur avenir.

Le second élément est donc le nombre.

Le troisième est la permanence. Grande leçon de Dieu aux succès des hommes ! A certains moments, une main puissante semble agréger et fondre des éléments disparates. Elle prend, aux quatre vents du ciel, de quoi faire l'empire d'Alexandre, de César, de Charlemagne, de Napoléon Ier, et, le lendemain, ces éléments dissous et emportés par le flot qui bat incessamment les œuvres humaines se sont en allés vers tous les horizons : plus de multitude, rien que des débris ! Notre France a fait cette fusion d'éléments si disparates en apparence : elle a réuni dans son unité nationale la Provence harmonieuse à la Bretagne austère ; elle a pris aux bords du Rhin et aux rivages de l'Océan ceux qui les habitent pour les rendre frères : elle a fait une multitude indivisible de ces mille personnalités différentes : elle sait par une magnifique expérience quel est le caractère véritable des nations. Mais cette destinée n'est pas ordinaire, heureusement, et j'espère bien voir, un jour, se dissoudre ces étranges réunions faites, au hasard des batailles, par l'épée d'un soudard et la douteuse consécration d'un traité, et je salue d'avance le retour à l'unité française des deux provinces liées pour un instant à l'Empire allemand, mais restées nôtres par l'amour et l'espérance : l'Alsace et la Lorraine !

La *multitude* est le second élément des sociétés véritables, et il faut avoir dépassé les limites ordinaires des cités, des provinces, même des petits peuples vassaux, qui constituaient jadis les royaumes, pour être en face des sociétés.

Eh bien, Messieurs, voulez-vous maintenant appliquer ces principes à l'Église ? Est-elle une société ?

C'est la société des âmes : soit. Son idéal est plus élevé, son but est placé hors du temps ; elle fait, par conséquent, les esprits détachés des intérêts vulgaires, les volontés plus désintéressées, l'activité plus noble et plus persévérante. Mais en quoi cesse-t-elle pour cela d'être assimilable aux autres sociétés formées par les hommes ? Il y a bien ici unité de conviction, n'est-ce pas ? Unité de conviction en la divinité de Jésus-Christ, — en Dieu unique et trine à la fois, — à l'endroit du baptême qui fait les chrétiens, — des sacrements qui les fortifient dans la lutte, — de l'espérance qu'ils ont du ciel, — de la grâce qui les y mène, — et des devoirs qui se rattachent à cette espérance : unité parfaite ! Allez où vous voudrez en ce monde ; entrez, le dimanche matin, en n'importe quelle église, et prêtez l'oreille ! Vous entendrez chanter le même Symbole et commenter le même Décalogue. Recevez les confidences des âmes qui disent vivre de Jésus-Christ, et vous entendrez les mêmes accents de foi, d'amour, de confiance, de repentir. Sondez leurs rêves, comme vous dites quelquefois, vous constaterez la même espérance. Creusez cette espérance, vous y trouverez la même certitude. Regardez au terme de cette espérance, vous y verrez la même conception du bonheur éternel. L'unité existe bien, ou, pour mieux dire, Messieurs, elle n'existe que là. L'Église ne connaît pas de partis. Les nations qui vantent plus fièrement leur unité ne s'aperçoivent pas qu'elles sont trop souvent scindées en plusieurs nations. Il y a plusieurs Frances, aujourd'hui, Messieurs : force est de le reconnaître. L'Église est une ; il n'y a pas et il ne peut y avoir plusieurs Églises. On est à elle ou on n'en est pas. On peut se réclamer d'elle en essayant de vivre à part de son inspiration : mais elle ne veut pas de vous. Inutile de prétendre qu'on lui appartient, en sortant de sa voie : elle ne vous acceptera pas. Il faut rester absolument dans l'unité avec elle, avoir la même croyance, toujours la même croyance, dans les principes, les développements, les applications, — la même croyance dans le terme à atteindre et les moyens pour y arriver, si l'on veut être à elle. Elle seule connaît et réalise la parfaite unité. Quiconque veut y mettre des nuances n'est déjà plus à elle; quiconque prétend lui imposer des variations est rejeté par elle; parce qu'elle vit de l'unité absolue. C'est la seule société dont vous puissiez dire que ce premier caractère y est indiscutable. Passons.

Et le nombre ? Y a-t-il une nation qui lui puisse être comparée? Certes, nous sommes un grand peuple et, quand on regarde la carte du monde, on se sent monter à la tête les bouffées de cette fierté que le chansonnier éprouvait devant la Colonne. La France a son pied sur tous les rivages et fait flotter son drapeau sous tous les cieux. En cent contrées où elle n'est pas encore reine, elle est déjà protectrice ; déjà maîtresse par l'intérêt et l'amour, bien près de l'être par ses lois. La France est un grand peuple; mais qu'est-ce que la France en comparaison de l'Église, qui lui sert si souvent d'introductrice auprès des peuples destinés à son règne ? Partout en effet où arrive un des envoyés de l'Église, vous êtes sûrs de voir derrière lui venir notre Patrie. Que de gens ne le comprennent pas aujourd'hui et essayent de séparer l'Église de la France, ne s'apercevant pas que, si les couleurs nationales ne pendent pas aux croix archiépiscopales, c'est notre grande faute aux yeux du monde. Jadis les évêques avaient à leur crosse (vous avez pu le voir sur tous les tombeaux du Moyen-Age) un fanon de soie brodée sur lequel la main du prélat se posait, comme pour ne pas ternir l'or de son bâton pastoral. Eh bien ! la vieille France avait attaché comme fanon aux crosses de ses évêques et aux croix de ses primats sa propre bannière, de sorte que, partout où se posait le pied d'un de nos missionnaires, l'Église et la France entraient ensemble en possession des âmes. Il semblait impossible d'être chrétien sans avoir, suivant la belle parole que vous connaissez, deux patries : la sienne d'abord, et puis la France, dont le trône appuyait l'autel de Jésus-Christ. Nous autres, au nom du progrès moderne, nous avons décrété et opéré la scission. Il faut aujourd'hui que les idées purement humaines, toujours controversables, souvent répulsives, prennent la place des idées catholiques, qui ne blessent aucun patriotisme, ne froissent même aucun parti, et vont, au fond de l'âme, toucher aux fibres les plus délicates, sans y porter autre chose que la consolation et la paix. Nous avons fait cette œuvre inintelligente, nous la faisons tous les jours ; et nous parlons avec emphase de la puissance d'esprit de notre XIX⁰ siècle ! Messieurs, vous paraît-il qu'il ne soit pas permis d'en sourire ?

Grâce à Dieu, malgré ces efforts, l'Église est bien multitude. Elle s'épanouit sous tous les cieux ; sur tous les rivages que l'explorateur croit découvrir, il la trouve qui arrive, combat, conquiert, recule momentanément, mais comme le lion recule pour bondir, ou se repose dans la victoire.

Et la permanence ? Messieurs, je me demande si je n'abuse pas de votre patience, en évoquant ces tableaux qui doivent être présents à tous les esprits... Non, hélas ! je sens bien qu'ils ne sont plus présents à vos esprits ; notre temps ne voit guère les choses comme elles sont... La permanence, à qui appartient-elle ? Certaines sociétés humaines durent depuis des siècles ! C'est vrai. Mais sont-elles jamais sûres de durer ; car l'expérience nous apprend qu'elles peuvent cesser d'être. Où est l'Irlande ? Où la Pologne ? Où le Hanovre ? Où tant de peuples qui eurent jadis belle part dans le monde et dans l'histoire ? L'Église les a vus naître. Jetant le sel dans la décomposition de l'ancien monde, elle en a fait sortir les sociétés qu'elle a couvées, suivant la parole de Jésus-Christ, *comme la poule couve ses poussins sous ses ailes*. Hélas ! plusieurs se sont séparées d'elle, et l'on cherche aujourd'hui vainement leur trace sans qu'on puisse espérer de la voir reparaître. Qu'adviendra-t-il des autres ? Et comment pourrions-nous les comparer à l'Église au point de vue de la durée ? La France elle-même ne le peut pas, encore qu'elle soit sa fille aînée. L'Église avait cinq siècles de vie quand naquit la

France et, à l'heure qu'il est, Messieurs, en dépit de la persécution, elle n'a pas de peur pour l'avenir. Tout au contraire, elle se promet d'enterrer ceux qui la persécutent et de chanter encore une fois le *De profundis* sur leurs tombes, après avoir chanté l'*Ave, maris Stella* sur leurs berceaux. C'est son éternelle histoire, Messieurs. Dans bien des siècles, cette basilique sera debout, je l'espère, car elle est solide ; mais on y acclamera quelque chose de plus solide encore, l'Église même, et — je l'espère aussi — car les filles aînées sont toujours chères à leurs mères, — cette chose éternellement solide, permettez-moi le mot, que nous ne pouvons pas ébranler, quoi que nous fassions, — que nous ne ruinerons pas, en dépit de nos erreurs et nos fautes — et qui s'appelle la France !

Ainsi l'unité, le nombre, la permanence, l'Église a éminemment ces caractères. Elle est donc une société véritable qui supporte victorieusement la comparaison avec les autres sociétés.

Mais il y a un dernier trait, que j'ai réservé et qui fait précisément, dans cette étude, la gloire par excellence de l'Église : c'est l'autonomie ou l'indépendance.

Il n'y a pas de société véritable qui ne soit réellement autonome, et elle n'est autonome que si elle est pleinement indépendante : par où la société arrive à être parfaite. Voulez-vous encore me donner votre attention pendant quelques instants, et nous allons voir comment l'Église réalise ce quatrième caractère, et prend place au premier rang des sociétés.

⁂

L'unité, le nombre, la permanence n'ont de garantie que dans l'autorité. C'est là une de ces vérités banales que l'humanité pensante a constamment proclamées, depuis Salomon jusqu'à Montesquieu, dont il semble que les expressions soient identiques : une société se maintient, progresse et dure par l'autorité. Dès lors, si l'Église est une société véritable, il faut que nous trouvions en elle une autorité, et un gouvernement qui en manifeste l'action.

Les sociétés ne peuvent se maintenir dans l'unité, qui engendre le nombre et assure la permanence, sinon par l'autorité : rien au monde n'est plus facile à démontrer. Toute société commence par l'unité dans les croyances, dont le bien commun est l'objet nécessaire, et reste inébranlable tant qu'il y a dans ceux qui la constituent parfaite unité de croyances, d'aspirations et de pratiques à l'endroit du bien commun. Mais comment sauvegarder cette notion unique ? Va-t-on s'en remettre à chaque membre du soin de définir, défendre ou venger la notion du bien commun ? Poser la question, c'est y répondre, n'est-ce pas ? En raison de son indépendance personnelle, de la liberté naturelle qui fonde cette indépendance, chacun a le droit, absolument parlant, d'émettre et de maintenir son avis. Mais alors, en raison aussi de la faiblesse naturelle à l'intelligence et des variations qui en dérivent fatalement, nous allons avoir autant de notions peut-être qu'il y aura d'intelligences. C'est ce que nous voyons tous les jours. Et pourquoi, s'il vous plaît, le silence serait-il imposé à celui-ci plutôt qu'à celui-là ? Si pourtant vous acceptez le droit à l'interprétation individuelle, vous aboutirez, bon gré mal gré, à la contradiction, à la division, à l'émiettement, à la ruine de la société. Ce n'est donc point l'individualité qui est la sauvegarde de l'unité.

La société seule est capable de la conserver, parce qu'en elle réside une autorité qui domine les individus et peut imposer le silence aux interprétations particulières. Qu'est-ce qu'un peuple, suivant la philosophie catholique ? Pareil à un homme, il est un organisme parfait : et, de même que le corps de l'homme, dès qu'il est formé, reçoit de Dieu une âme pour principe vital, de même les sociétés sont déterminées à leur forme et à leur action propres, par une âme que Dieu leur donne aussi et qui est la communication de son autorité. Dieu fait à l'homme qu'il appelle à l'existence participation de la vie qui est en lui ; de même, quand l'homme, obéissant à l'instinct social, fonde des sociétés, Dieu leur fait participation de son autorité.

Elles ont en elles, par conséquent, un droit supérieur à celui des individus, puisqu'il est le droit de tous, le fondement de l'unité qui s'imposera aux divergences individuelles. Mais comment cette autorité va-t-elle agir, rendre ses verdicts et imposer ses directions? La multitude ne peut pas l'exercer par elle-même, c'est évident. On peut concevoir une dizaine d'hommes dans une école, une académie, un cercle, procédant tous à l'œuvre commune; mais concevez-vous les 38 millions d'hommes qui font la France opérant de cette manière? Ce n'est pas possible; la conception serait absolument irréalisable. Dès lors, l'autorité, qui réside dans la nation, doit se manifester et agir par une délégation de la nation. Messieurs, redoublez d'attention! Nous sommes en présence des doctrines du Moyen-Age; mais vous avouerez qu'elles sont aussi des doctrines singulièrement actuelles. Je vous disais tout à l'heure que vous connaissiez peu l'Église; permettez-moi d'ajouter que vous avez aussi peu la science des origines du pouvoir et du gouvernement. L'obéissance ne se doit qu'à Dieu; car, tous les hommes étant naturellement égaux, aucun d'eux n'a, par nature, le droit de commander à d'autres. Par conséquent, réunir deux hommes contre un seul, c'est créer la tyrannie; ce n'est pas créer le droit. Réunir dix hommes contre un seul, c'est aggraver la tyrannie, ce n'est pas créer le droit; rassembler 38 millions d'hommes contre un seul homme, ce n'est pas davantage créer le droit, puisque les hommes sont toujours égaux naturellement. Le nombre n'y fait rien, parce chaque homme n'a jamais que la valeur d'un homme et les zéros entassés après les zéros ne multiplient pas le moins du monde la nullité initiale.

Un homme, dix hommes, cent hommes n'auront jamais le droit de me commander, s'ils ne sont que des hommes. Étrange doctrine, Messieurs, que la vôtre! Aujourd'hui, le nombre prévaut; le nombre a toujours raison; il faut se taire parce que le nombre vous contredit. — Et vous vous dites des hommes intelligents, et vous parlez de progrès! Mais la Rome de la décadence n'aurait pas osé soutenir cette absurdité! Il faut remonter à la sauvagerie qui adore des fétiches et se nourrit de chair humaine pour préconiser une pareille doctrine ! Chaque homme en vaut un autre ; il a des droits imprescriptibles et contre lesquels ni un homme, ni dix hommes, ni cent, ni des millions, ne peuvent prévaloir, s'il n'y a là que des hommes. Je n'ai qu'un supérieur : c'est Dieu, et, par conséquent, il n'y a de droit à m'imposer que celui de Dieu : je n'en reconnais pas d'autre. Mais je reconnais très bien qu'une société, ne pouvant vivre sans autorité, se réclame de celle de Dieu. Il n'y a pas d'autre droit divin, Messieurs, permettez-moi de le dire hautement. Il n'y a de droit divin que celui des sociétés ; et, quand elles délèguent leur autorité, elles créent le droit divin de leurs représentants. Mais il n'y a pas de droit divin qui naisse d'une hérédité quelconque, si ce n'est en raison de la primitive délégation, — absolument comme il n'y a pas d'autorité chez les peuples, autrement que par la primitive communication du droit divin. Telle est la genèse de l'autorité parmi les hommes.

Ah ! je sais bien qu'aujourd'hui on ne le veut pas ainsi. A entendre les sornettes qui se débitent, les aphorismes sonores, les axiomes, comme on dit, qui prétendent s'imposer aux controverses humaines, on dirait vraiment que nous avons perdu le sens.

Remettons les choses au point, Messieurs : il n'y a pas d'autorité d'un homme sur un autre ; il n'y a d'autorité que de Dieu sur les hommes, et, quand les hommes se réunissent en société, en raison de l'instinct social que Dieu leur a fait en même temps qu'il les créait, Dieu met dans les sociétés le principe de leur conservation, qui est la participation de son autorité. Cette autorité ne peut se manifester par la multitude même : cela est absurde à rêver. Dès lors, il faut délégation de la multitude pour la représentation de l'autorité qui est en elle. C'est l'origine des autorités humaines.

Ces choses, Messieurs, se disaient devant saint Louis par la bouche de saint Thomas d'Aquin, et, de même que le Docteur n'hésitait pas à les dire, le roi ne craignait pas de les entendre. C'est la même doctrine que Vincent de Beauvais, un autre dominicain, enseignait au fils de saint Louis, et vous auriez fortement étonné Philippe le Hardi si vous lui aviez dit que son autorité lui venait de Dieu autrement que par son peuple. C'est l'enseignement de notre vieille histoire, et c'est par le protestantisme et le rationalisme que nous sommes arrivés à l'erreur d'après laquelle les peuples sont comme une terre ou un troupeau, dont on peut revendiquer la possession avec des parchemins généalogiques. Grâce à Dieu, je n'ai de droit à reconnaître que celui de mon créateur et de mon rédempteur ; d'obéissance à rendre que celle à laquelle il me convie lui-même. Là où je le vois communiquant son autorité aux peuples, et les peuples remettant à leur tour le dépôt sacré entre les mains de représentants choisis par eux, je m'incline, non devant la multitude, non pas même devant son délégué, mais devant celui à qui seul, en fin de compte, convient l'autorité. J'obéis à mon père, non parce qu'il a vingt ans de plus que moi et me précède dans la vie ; j'obéis à un homme non parce qu'il porte une épée ou rédige des lois : je leur obéis parce qu'ils représentent l'autorité de sociétés régulières, qui n'est autre que l'autorité divine. Voilà tout.

La forme de la délégation importe peu, pourvu qu'elle réponde au tempérament et aux intérêts de la société. « Mais, direz-vous peut-être, le procédé de transmission ? » C'est une question à traiter ailleurs, Messieurs, et nous y viendrons plus tard. Les peuples peuvent se tromper dans le procédé : ils ne se trompent pas sur le droit, et, dès lors, il ne nous convient pas, en face du fait avec lequel nous devons compter, de décliner à tort et à travers la compétence. En ce moment la question de transmission ne doit pas nous retenir, et nous n'avons qu'à rappeler les principes : Dieu est le seul maître ; il exprime son droit par la voix du peuple ; cette voix a déterminé l'usage du pouvoir, qui est la règle de ma vie, tant qu'il ne lèse pas le droit de Dieu. Telle est la doctrine catholique.

Eh bien ! l'Église est une société ; elle a, par conséquent, comme toutes les sociétés, participation de l'autorité divine ; elle l'a même d'une façon plus visible. Qui l'a fondée ? Jésus-Christ, c'est-à-dire Dieu lui-même. Qui lui a donné sa mission ? Jésus-Christ ! Qui a organisé sa hiérarchie ? Jésus-Christ ! Qui a mis le comble à son autorité ? Jésus-Christ ! Elle a en elle, par conséquent, l'autorité comme toute société régulière ; elle en a plus visiblement la participation, puisque son fondateur est aussi son Dieu. Elle l'a aussi dans une mesure et une sécurité rares dans les autres sociétés : elle est essentiellement autonome et indépendante, ou plutôt elle est seule autonome et indépendante. Avoir l'autorité, mais ne l'avoir qu'en dépendance, c'est, pour ainsi dire, ne pas l'avoir. Dans l'histoire, les ducs de Bourgogne ou de Bretagne font assez belle figure, n'est-ce pas, aux côtés des rois de France... mais c'étaient des vassaux. Le roi d'Angleterre parlait bien haut quelquefois... c'était un vassal. La vraie société qui domine le Moyen-Age de toute la hauteur de sa taille, est la seule nation qni ne relevât réellement que de Dieu, la fille aînée de l'Église, la France catholique. Oh! oui, nous avions une autonomie véritable, une véritable indépéndance! Quand Frédéric II d'Allemagne s'avisait d'écrire à saint Louis qu'il était un roi provincial, celui-ci rappelait au soi-disant roi universel que la France ne portait pas au côté une épée reçue des césars allemands, et qu'il était prudent de ne pas l'exciter à la tirer du fourreau. La France, grâce à Dieu, n'a jamais été l'homme lige de personne!..... Hélas! elle a été parfois vaincue, et elle a eu des heures où l'on pouvait presque douter, n'est-ce pas, de son autonomie et de son indépendance; comme après ce traité de Francfort qui nous a laissé des cercles de fer autour des poignets et des chevilles, et ne nous permet pas de nous croire aussi indépendants qu'il le faudrait. Oh! de quel cœur, n'est-ce pas, nous jetterons hors de nos frontières ceux-là qui nous ont pris notre signature! Avec quelle joie nous viendrons ici, quand Dieu voudra, attester que nous n'avons plus ce cauchemar sur la poitrine et ce vampire à notre flanc! Mais, en attendant, pouvons-nous croire à la plénitude de notre indépendance?

Il n'y a, dans le monde, qu'une indépendance véritable : c'est celle de l'Église. Pour naître, elle n'a pas eu besoin de l'assentiment d'Hérode ou de Pilate; elle n'en a point demandé la permission à ceux qui tenaient une épée ou un sceptre. Son Maître a dit à ceux qu'il envoyait : « Enseignez toutes les nations. Si quelqu'un refuse de vous obéir, avertissez-le d'abord comme un frère, et, s'il résiste, *dicile Ecclesiæ*, dites-le à l'Église! S'il n'écoute pas l'Église, qu'il vous soit comme un païen et un publicain. » Les âmes ne sauraient être esclaves des fantaisies humaines : la foi ne s'inspire pas d'elles ; l'espérance du ciel ne dépend pas plus des hommes que le ciel lui-même. Par conséquent, les enseignements et les pratiques par où l'on veut aller au ciel ne dépendent pas de volontés humaines. Je vous défie de trouver un côté par lequel l'Église ne dépende pas d'elle-même et rien que d'elle-même. Pour elle, les rois sont des hommes comme les autres, et lui doivent obéissance : les peuples sont des associations d'hommes comme les autres, elle les domine ; le monde est fait pour son règne, et Dieu lui a fait des sujets partout où il y a des hommes, mais il ne l'a faite sujette ni vassale de personne. Elle seule a la plénitude de l'autonomie et de l'indépendance, et, quand elle délègue son autorité, elle le fait en une majesté, en une sagesse, en une plénitude de puissance que ne connaissent pas les peuples. Et puisque le peuple se reconnaît en ses délégués, puisque, même aux mirmidons qui essayent de représenter le colosse, il veut que l'on accorde le respect qu'il réclame pour lui-même, l'Église a bien le droit, n'est-ce pas, se donnant des représentants, de réclamer pour eux ce qu'elle réclame pour elle-même. Société des âmes, gardienne de la vérité surnaturelle, elle s'impose à l'humanité par les représentants à qui elle donne la garde du dépôt reçu de Dieu. Et c'est ainsi, Messieurs, que nous arrivons à l'objet réel de nos études, c'est-à-dire l'Église enseignante, à ces évêques successeurs des apôtres qui ont reçu de Jésus-Christ, et, par lui, de l'Église, le pouvoir de la représenter dans l'enseignement et le gouvernement.

Voilà notre sujet défini, Messieurs, et nous n'avons plus pour aujourd'hui qu'à nous séparer, en saluant l'apparition de la société des âmes. Salut, ô Église, sortie du flanc percé de Jésus-Christ, baptisée de son sang, animée de son esprit, vivant de sa vie, et régnant de son règne ! Salut, humanité nouvelle, qui me fais oublier les misères et les infamies de l'antique humanité ! Sàlut, ô Église enseignante, qui incarne la société des âmes ; représentation toujours progressive de la justice et de la vérité, ô toi qui relies la plus humble des âmes à l'auteur même de cette vérité et de cette justice, par la gradation merveilleuse qui va du plus humble des prêtres au vicaire de Jésus-Christ! Je te salue dans ton passé, où tu as suscité la civilisation! Je te salue dans ton présent, où tu gardes le progrès! Je te salue dans ton avenir, où tu réaliseras nos espérances, même du temps! Je te salue sur la terre, ô toi par qui il est bon d'être homme! Je te salue dans le ciel, où s'achèvera l'union des esprits et des cœurs, non plus dans la foi et dans l'espérance, mais dans la possession du bien suprême! Je te salue pour moi et pour tous ceux qui m'entendent, et puisses-tu les voir, soumis à ta conduite, participer à ton triomphe, dès ici-bas et dans l'éternité!

AVIS IMPORTANT

Les Conférences paraîtront en volume très prochainement, soigneusement revues et enrichies de notes nombreuses.

On peut souscrire dès maintenant aux bureaux de la « Revue Thomiste », 222, faubourg Saint-Honoré, Paris.

Prix du catalogue .... 5 »
Prix de souscription (*franco*, en s'adressant directement à nous). 4 25

PARIS. — F. LEVÉ, IMPRIMEUR DE L'ARCHEVÊCHÉ, RUE CASSETTE, 17.

CONFÉRENCES DE NOTRE-DAME

CARÊME 1897

Deuxième Conférence. — 14 mars 1897.

Objet de l'enseignement de l'Église. — Sa réalité.

ÉMINENCE,

EXCELLENCE,

MESSEIGNEURS,

L'Église est une société et, bien que purement spirituelle, ou plutôt précisément parce qu'elle est spirituelle, elle a droit de prendre place au premier rang parmi les sociétés véritables et parfaites.

Société véritable, elle l'est par l'unité, le nombre, la permanence : par l'unité, qui est en elle comme nulle part ailleurs ; par le nombre de ses adhérents, aussi nombreux que ceux d'aucune autre société ; et enfin, par la durée, qui a déjà bravé dix-neuf siècles, avec l'espérance d'affronter encore les assauts d'autant de siècles, si tant est que Dieu les garde à l'histoire de l'avenir.

Société parfaite, elle l'est éminemment par l'autonomie et l'indé-

(Sténographié par Gustave Duployé, 36, rue de Rivoli.)

pendance dans lesquelles elle use de l'autorité déposée en elle par son fondateur, Jésus-Christ, et dont Léon XIII est aujourd'hui le magnifique représentant.

L'Église a donc, comme société véritable et parfaite, en même temps que sa place dans le monde, sa mission, que nous avons définie : la conservation et la diffusion de la vérité surnaturelle, conformément aux enseignements de Jésus-Christ.

Dès lors se pose la question préalable, — passez-moi l'expression : « L'Église se donne comme mission de conserver et de répandre dans le monde la vérité surnaturelle. Il faut donc accepter la réalité de cette vérité surnaturelle ? » — C'est à quoi se refuse la sagesse du temps présent. Lorsque nous essayons de discuter les objections, multiformes et variables à l'infini, de l'impiété moderne, nous nous heurtons tout d'abord à cette fin de non-recevoir : — « Nous ne pouvons pas discuter avec vous, puisque vous vous placez sur un terrain que nous déclarons d'avance inacceptable : le terrain du surnaturel. » L'Église, à travers les siècles, a subi bien des contradictions et a dû repousser bien des assauts dont elle a fini par sortir victorieuse ; mais il y a eu des heures où l'on a pu croire son règne compromis... Il n'y en a peut-être jamais eu où cette affirmation ait été plus plausible, parce que toutes les objections s'y sont condensées en une seule bien autrement radicale. On a jadis mis en question tel ou tel dogme, protesté contre un point spécial de l'enseignement de l'Église ; aujourd'hui, c'est l'ensemble même de son enseignement qui est en discussion. Certaines gens trouvent que le sujet de nos conférences n'est pas actuel : je ne sais d'après quelle conception des besoins de leur temps. S'il y a, au contraire, une étude actuelle, c'est l'étude de l'Église : parce que rien n'est actuel comme l'attaque à l'Église au nom du surnaturel : — « Il n'y a pas de vérité surnaturelle. L'Église, par conséquent, n'a pas de raison d'être : pourquoi donc tenir compte de l'Église ? »

C'est à quoi nous allons répondre.

Pour établir la réalité de la vérité surnaturelle, il suffit « de proclamer l'infini », — suivant la parole, non pas d'un théologien, elle vous paraîtrait suspecte, — mais d'un savant éminemment moderne. J'ai nommé Pasteur, et ses paroles sont encore dans vos oreilles : « L'infini a ce caractère de s'imposer, — disait-il, en son discours de réception à l'Académie française. — La notion de l'infini dans le monde, j'en vois partout l'irréductible expression. Par elle, le surnaturel est au fond de tous les cœurs. » C'est de cette parole que j'entends faire le commentaire. Je veux vous montrer que l'infini s'impose, mais que, — suivant le mot de Pasteur, — s'il a ce caractère de *s'imposer*, il a aussi celui d'*être incompréhensible* et que, forcés d'accepter l'infini, nous sommes obligés, par là même, d'accepter l'impossibilité de le connaître, en dehors d'un mouvement spontané qui le révèle, d'où suit l'existence d'une vérité surnaturelle. Voilà tout notre sujet. — Messieurs, j'ai eu raison de ne pas solliciter votre attention, je suis sûr qu'elle est déjà en éveil et qu'elle m'accompagnera dans le développement de ces grandes idées.

*
* *

La philosophie antique — celle de Platon et d'Aristote, — la philosophie scolastique — celle de saint Thomas d'Aquin et d'Alexandre de Halès, reconnaissaient deux infinis : l'un relatif, l'autre absolu. L'infini relatif ou *de quantité*, pour parler le langage classique, est ce à quoi on ne peut pas donner actuellement de fin ou de mesure, en raison de ce que, à leur quantité, nous concevons que l'on puisse toujours ajouter. C'est l'*infini* d'Aristote, dont j'emploie la définition sans aucun embarras. Elle se retrouve à peu près dans Platon, et saint Thomas d'Aquin la présente, en la nudité de sa formule, aux étudiants du Moyen-Age. Si je m'y tiens, je vous dirai simplement pourquoi : c'est qu'à mon avis, cette philosophie est celle du bon sens et que je n'en vois pas de préférable.

L'infini est donc, en premier lieu, ce dont nous ne pouvons voir actuellement la mesure ou la limite, — ce à quoi nous pouvons

toujours ajouter, quelle que soit la quantité actuellement déter-
minée. Cet infini, disait justement Pasteur, s'impose, et les progrès de la science ont précisément pour résultat de l'imposer de
plus en plus à tous les bons esprits. Qu'est-ce que la science,
sinon la connaissance exacte des manifestations de la vie, des
puissances qui déterminent ces manifestations, et des lois qui président au jeu de ces puissances. Or, à ce triple point de vue, l'infini
tel qu'Aristote le comprenait s'affirme partout dans le monde.

Les manifestations de la vie! — Rien n'est plus mystérieux que
la vie. Les découvertes que l'on y croit faire sont d'incessants points
de départ, et pas autre chose. Chaque flot qui berce l'esprit humain
appelle un autre flot; le port recule à chaque encablure gagnée
par la barque, et lorsque le soleil se couche derrière l'horizon, qu'on
n'a point encore atteint, on sait qu'après la nuit, l'horizon fuira
toujours, sans qu'on le puisse atteindre plus que le soleil lui-même.
Les formes variées, innombrables, indéfinies de la vie nous inter-
disent de poser nulle part un point d'arrêt. La vie nous échappe,
comme le Protée antique, lorsque nous croyons la tenir. L'être
n'est point suffisamment définissable ; quand nous croyons avoir sa
formule exacte, il se révèle autrement. Nous le disons mort, il
reparaît vivant. A mesure que l'existence semble livrer ses secrets,
elle ouvre au regard des abîmes où, descendant toujours, on sent
qu'on ne touchera jamais le fond.

Ce qui est vrai des manifestations de la vie l'est bien davantage
des puissances qui déterminent ces manifestations. Le vulgaire
parle volontiers de ces intelligences qui ont mesuré les puissances
de la nature et déterminé leur action ; le demi-savant croit sans
hésiter aux formules définitives, aux conquêtes assurées, au repos
tranquille désormais de l'homme là où il a conduit son observation
des puissances... Le vrai savant hoche la tête. Glorieux à bon droit
des succès obtenus, il est plus encore soucieux de ceux qui restent
à obtenir et, comme Socrate, il déclare sans rougir qu'il ne sait
rien de rien. En effet, Messieurs, nulle main d'homme n'est assez

large pour contenir ces puissances ; nul regard humain n'est assez aigu pour les pénétrer ; nulle force humaine n'est de taille à se prendre avec elles corps à corps dans la lutte mystérieuse que décrit l'Écriture. La nuit où les deux combattants s'étreignent sans arriver à se vaincre s'achève, comme dans le récit biblique, par un salut mutuel, où ils semblent se demander respect et bénédiction. Les puissances, plus encore que les manifestations de vie dont elles sont la cause, échappent à l'esprit humain, en ce sens qu'on peut toujours ajouter à leur définition et à leur mesure, et le progrès indéfini dans leur connaissance est, en réalité, une des gloires de notre intelligence.

Mais que dit-elle aujourd'hui d'elle-même? Se vante-t-elle d'avoir achevé la poursuite, d'avoir touché le terme de la connaissance? Je viens de vous le dire, Messieurs : pour le vulgaire, oui ! Et Dieu sait combien le vulgaire est multitude ! Pour le véritable savant, qui vit dans la lutte avec le mystérieux combattant, non ! Il affirme de plus en plus que le prétendu point d'arrivée est seulement un point de départ. Au delà de ce qui est défini, il reste, pour ainsi dire, tout à définir : la lueur qui vient de passer dans l'obscurité peut à peine s'appeler une aurore et le jour n'est pas encore près de se lever. Angoisse tout à la fois et joie de l'esprit humain ! Angoisse de ne jamais rien posséder pleinement ; joie de penser qu'on possédera toujours davantage. Angoisse de laisser, humilié, un si mince héritage à ceux qui vous remplaceront dans la vie intellectuelle ; mais joie d'avoir préparé à ses enfants à labourer et à moissonner le champ dont on a commencé soi-même à défricher l'immensité !

Si des puissances nous passons aux lois, c'est bien autre chose encore. Nous sondons, pour ainsi dire, les profondeurs des cieux, comme en ces belles nuits d'été où, franchissant la sphère des astres de première grandeur, puis celle des nappes lumineuses accessibles seulement à des yeux plus attentifs et plus pénétrants, nous arrivons à celle où les étoiles, imperceptibles d'abord, grandissent peu à peu devant l'œil et finissent par le remplir de lumière. Au delà de ces astres, au delà même de ceux qui sont perceptibles aux instruments les plus puissants, il y a une région sans mesure, où nous savons que d'autres regards, aidés d'autres instruments plus puissants encore, pénétreront après nous.

C'est *l'abîme qui appelle l'abîme*, — la profondeur qui engendre la profondeur, — la lumière qui produit la lumière, l'illumination qui s'achève dans l'éblouissement ; et nous savons que des siècles entassés nous mettront en présence non pas de la suprême formule des lois, mais simplement d'une formule plus exacte. Pour aujourd'hui le vulgaire seul affirme que les lois de la science sont irréfragables. Ce sont des jalons sur la route, ce n'en est pas le terme. Après l'infini relatif des manifestations, l'infini relatif des puissances ; après celui des puissances, celui des lois, et, au delà des lois, l'être lui-même ! Ici tout s'arrête et s'avoue impuissant, au bord de cet abîme insondé.

Pourtant nous n'avons parlé jusqu'à présent que de la nature matérielle. Nous n'en sommes pas encore venus à cette autre nature, qui est celle de l'âme : la nature intellectuelle et morale, et c'est ici que se retrouve surtout l'*irréductible expression de l'infini*.

L'homme, résumé des mondes, monde en raccourci, mais, en réalité, monde plus merveilleux et plus insondable que l'univers même qu'il résume, — l'homme déroute la pensée qui l'étudie, fût-ce sa propre pensée à lui-même, *qui doit se connaître*, suivant l'Écriture, bien mieux qu'aucune autre. Si prolongée et juste qu'elle soit, cette pensée ne saisit naturellement de lui le *tout de rien*, comme disait Bossuet : il est à lui-même un abîme insondable. Son esprit vit de vérité ; mais s'est-il jamais nulle part reposé pleinement dans la vérité ? Jamais. Il vit de vérité, comme ces prisonniers auxquels le prophète promettait *le pain d'angoisse et l'eau brève*.

Sa soif n'est jamais étanchée, ni sa faim rassasiée. S'il est vulgaire et sans grandeur, il médite d'un labeur qu'il n'a pas la vigueur d'entreprendre et qu'il n'aura pas l'honneur de conduire à la fin du jour ; mais, s'il est vraiment digne du nom d'homme, il cherche, soupçonne, devine, espère, mais sans voir jamais la fin de son effort. O tristesse des grandes âmes ! Il n'a pas moyen de se satisfaire, ce malade qui se tourne et se retourne sur le lit où l'agite la fièvre de savoir. Il peut, un instant, se tromper sur l'illusion où l'a jeté une première vision de la vérité; mais il se retrouve bientôt et constate que l'aurore attendue commence à peine de luire. La vérité qu'il veut, c'est l'infini; le champ dont la lisière fuit devant le soc qui le laboure; l'océan toujours ouvert devant la barque qui le sillonne; c'est le ciel toujours plus profond devant le télescope qui le sonde. Comme la vie, elle est partout; si loin que nous soyons arrivés, elle recommence; si loin que nous arrivions, elle recommencera! Nulle part la joie pleine de la vérité. Et c'est sa gloire en même temps que sa tristesse!

Mais le cœur, qui, suivant Pascal, est à la fois si petit et si grand; si petit qu'un soupir, un regard, une parole semble lle combler, et si grand que tous les soupirs, toutes les protestations, toutes les caresses ne le peuvent satisfaire, le cœur a-t-il donc trouvé, lui, la joie de l'infini? Nulle part. Vous aurez beau lui montrer les beautés de la terre, le jeter à plein vol dans les jouissances, prolonger les années de sa contemplation et de sa jouissance : il n'est pas satisfait. Le rêve recommence; la soif est plus ardente; la faim déchire plus cruellement ses entrailles. Amour, amour, quand donc révéleras-tu ton visage? Quand donc ma main sentira-t-elle l'étreinte qui la satisfera? Quand donc ta flamme mettra-t-elle en mon cœur l'ardeur qu'il appelle? Quand le prendras-tu pour le fondre en toi-même, afin qu'il soit l'amour et la joie sans mesure? Quand donc?... Et la réponse nous arrive, sinon de notre trop jeune expérience, au moins de celle qui a trop vu pour ne pas savoir exactement : « Jamais! »

Et notre volonté, qui se sent capable de soulever les mondes, va-t-elle trouver quelque part où appuyer son levier? Jamais! L'obstacle vaincu appelle l'obstacle à vaincre; le succès arme seulement pour le succès à préparer! Partout et toujours, le recommencement; nulle part, le repos, la satisfaction, la plénitude de la joie. La notion de l'infini s'impose. On a beau faire, se dresser plus ou moins dédaigneux ou triomphant devant la vie, elle a des retours qui écrasent. Semblable à l'enfant qui défie le colosse, l'homme est vite, d'un coup de main, rejeté et comme écrasé dans son infirmité.

Et pourtant, Messieurs, remarquez cette singulière anomalie.

L'homme tourmenté par cette tristesse de ses désirs inassouvis en viendra-t-il à croire au néant? Se butera-t-il désespéré à cette impossibilité radicale et constatée de toucher au terme? On a voulu nous persuader que l'expérience de la vie amenait cette finale. Rien n'est plus faux. L'idée de néant n'a jamais été naturelle à l'homme. Permettez-moi cette singulière expression, l'idée de néant est un champignon vénéneux, produit de la culture philosophique, culture inintelligente et destructive. Nulle part nous ne la trouvons spontanée dans l'humanité. On a trouvé, dit-on, des peuples qui n'avaient pas l'idée de Dieu. Je ne crois pas que ce soit vrai : j'accepte simplement qu'on ne les a pas étudiés d'assez près. Mais, chez ces peuples mêmes, on constate l'idée de l'au-delà. Nulle part le néant, qui appartient aux sophistes, surtout aux époques de décadence. Le néant n'a jamais appartenu au sens commun, parce qu'il ne résout aucune difficulté. C'est à l'infini que croit le monde ; étendue, quantité, durée, qui s'augmente sans cesse et que nous sentons pou voir toujours être augmentée. Évidemment, ce n'est pas l'infini absolu ; mais sa notion nous amène le sens et l'idée de l'infini absolu, comme nous allons le voir, Messieurs, dans une seconde partie qui, je l'espère, vous intéressera autant que la première a paru vous intéresser.

*
* *

Bien qu'il ne se donnât pas comme philosophe, Pasteur a parlé la langue la plus éminemment philosophique, quand il a dit : « La notion de l'infini s'impose. J'en vois partout, dans le monde, l'irréductible expression et, par lui, le surnaturel est au fond de tous les cœurs. » C'est qu'en effet la notion de l'infini relatif, tel que nous venons de l'étudier, amène, sans qu'on s'en aperçoive, le sens et l'idée de l'infini absolu. Toutes les manifestations de la vie, dont nous venons de voir le recommencement incessant, se produisent sous l'action de puissances auxquelles nous donnons le même caractère, mais dont la science nous dit, en poursuivant son travail de synthèse, qu'elles doivent finalement se réduire à l'unité. De même pour les lois qui régissent ces puissances : diverses dans leurs formules, elles sont, pour les intelligences familières avec la pensée philosophique, une seule et même loi. D'où revient la vieille formule scolastique : « Tous ces mouvements qui expriment la vie donnent l'idée d'un unique moteur, duquel procèdent toutes les manifestations de la vie. » Mais alors, voici venir, Messieurs, l'infini en personne : *Deus, ecce Deus !*

S'il y a réellement, comme notre esprit le soupçonne déjà et comme il y est amené par la logique, s'il y a un moteur premier qui soit le principe de tous les mouvements ; s'il y a une puissance qui réunisse en soi toutes les puissances, et en engendre, par conséquent, les manifestations ; s'il y a une loi primordiale, d'où découlent les lois secondaires, qu'avons-nous devant nous ? Nous avons, évidemment, un moteur existant avant tout mouvement, puisque c'est de lui que procèdent tous les mouvements : absolument supérieur à tout ce qui n'est pas lui, puisqu'il imprime le mouvement et ne le reçoit pas ; absolument distinct, puisque, s'il se confondait avec ce qu'il meut, il y aurait contradiction dans les termes, philosophiquement, et que, scientifiquement, nous verrions reparaître la génération spontanée.

Nous arrivons donc à constater une vie infiniment supérieure à toutes les manifestations de la vie, une puissance infiniment au-dessus de toutes les puissances qui déterminent des manifestations, une loi, une pensée infiniment supérieure à toutes les formules que nous appelons les lois des puissances et des manifestations de la vie. Mais alors, Messieurs, qu'avez-vous en face de vous ? L'infini absolu. Il n'est précédé de rien ; donc il ne dépend de rien. Il donne à tout et ne reçoit rien : il est donc parfait. Comme il est dans l'existence sans que rien l'y précède, il continue d'y être sans emprunter à rien de ce qui existe la raison de sa durée : rien ne peut diminuer ou limiter son action : il répand la vie sous toutes les formes, et la sienne n'en est en rien modifiée. Il est donc la vie, l'existence, l'être par excellence : il est simplement l'infini !

Et alors voici que se pose un autre problème. Allons-nous avoir, de cet infini, qui s'impose à nous par la force de la logique, une connaissance qui nous permette de le définir? Pasteur nous avertit de prendre garde. « Le caractère de l'infini est de s'imposer et d'être incompréhensible. »

Qu'est-ce que l'infini? Le mot même le dit : c'est l'être sans mesure. Comment donc faire tenir, en une intelligence, évidemment mesurée, ce qui n'est pas mesurable? Comment mettre l'infini dans le fini?

Un jour, au bord de la mer africaine, le grand évêque d'Hippone, cet effrayant génie qui s'appelle Augustin, se promenait, rêvant aux mystères de la vie divine. Près de lui, un enfant armé d'une coquille puisait de l'eau pour verser dans une cavité creusée dans le sable. Touché de cette ingénuité, le docteur entra en conversation : « Petit, que fais-tu là? » — « Vous le voyez, évêque; je mets l'océan dans ce petit trou. » Sur les lèvres du docteur s'épanouit un sourire que l'enfant eut vite remarqué : — « Vous me croyez insensé, n'est-ce pas? Et pourtant, le plus insensé des deux, ce n'est pas moi. J'aurai plutôt fini de mettre l'océan dans cette ouverture large comme ma main d'enfant que vous n'aurez fini de mettre la vie divine dans votre intelligence. » — L'enfant avait raison. Suivant le vieux langage de la scolastique (Messieurs, pardonnez-moi d'en revenir à cette tradition, j'en suis l'héritier, et n'y puis guère renoncer), la science n'est autre chose que l'*équation entre l'intelligence et son objet*. Il faut donc qu'il y ait égalité entre l'objet étudié et l'effort de l'intelligence, pour que la science devienne possible, et que nous la constations. Or, demandez-vous si l'équation est possible entre l'infini de l'être et le fini de votre intelligence. C'est très beau d'invoquer la science comme nous le faisons. Le savant est au bord de la mer. Il n'agit pas tout à fait comme l'enfant d'Hippone; il a pris une goutte d'eau et l'a soumise à l'analyse; il en sait tous les éléments constitutifs... Sait-il la mer, Messieurs?... Non, il sait la goutte d'eau, mais il ne sait pas l'océan. Le savant a fait passer par le prisme un rayon de soleil, il a décomposé le spectre et analysé le rayon. Il croit savoir l'astre... Sait-il le ciel? Pas le moins du monde! Ainsi de l'homme en rapport avec l'infini. Il prend une des manifestations de l'infini, un de ces éléments qui sont sous sa main et sous ses yeux ; il l'analyse et le sait. Soit ! — Mais sait-il l'infini ?

L'infini se laisse, il est vrai, en partie deviner. Il y a, en toutes les beautés, une coquetterie qui les porte à se laisser voir tout en se cachant. L'infini, lui aussi, aime qu'on le cherche, et se laisse, volontiers, voir à demi. Principe, disions-nous tout à l'heure, des manifestations de la vie, des puissances qui président à ces manifestations, des lois qui régissent ces puissances, — principe, en un mot, de la vie, il se reconnaît dans les manifestations de la vie, ses puissances et ses lois, telles que nous pouvons les étudier. L'œuvre parle de l'ouvrier : par conséquent, en observant les êtres secondaires, — cette nature, où s'impose la vision de l'infini, pour parler comme Pasteur, — nous allons deviner quelque chose de l'infini. Il est au-dessus de toute manifestation, de toute puissance, de toute loi ; mais il est reconnaissable en chacune d'elles ; et une part de lui-même s'y montre, pour ainsi dire. L'homme surtout, qui, suivant le Psalmiste, *porte à son front le reflet du visage de Dieu*, l'homme parle de l'infini ; et l'intelligence, le cœur, la volonté, tout cela va nous en révéler plus encore. Les puissances observées dans la nature et dans l'homme parleront de son omnipotence ; l'étendue parlera de son omniprésence ; l'ordre qui gouverne toutes choses de sa sagesse ; cette pondération merveilleuse, qui préserve les plus petits des êtres contre les froissements qui sembleraient devoir les briser, de sa Providence miséricordieuse. Notre raison nous dira qu'il ne saurait avoir de second ou d'égal, et nous saurons, par conséquent, qu'il est un seul, comme nous saurons qu'il est tout-puissant, présent partout, miséricordieux, et nous en déduirons la Providence.

Allons plus loin. En nous analysant nous-mêmes qui sommes son œuvre, et nous trouvant de l'intelligence, nous conclurons qu'il est intelligent. Trouvant en nous la puissance d'aimer et de vouloir, nous conclurons qu'il est affectueux, volontaire et libre. De tout cela, intelligence, volonté, liberté, science de nous-mêmes, nous faisons la personnalité : donc il est personnel. Ainsi devant nous se dressera, semble-t-il, la figure merveilleusement définie de l'être infini : un être vivant, personnel, intelligent, aimant, volontaire, libre, tout-puissant, omniscient, et présent partout.

Que me faut-il de plus ? — Il me faut *tout* de plus ! Je suis au bord d'un abîme ; et mon regard, qui le creuse, devine qu'il peut descendre, descendre encore, descendre toujours. Je suis au bord de l'océan, et le flot qui caresse mes pieds m'avertit que ma barque peut aller, de flot en flot, vers des horizons toujours renouvelés. Je regarde le ciel, et l'étoile devinée là-bas, derrière toutes les autres, m'avertit que le monde des cieux recommence après elle avec des illuminations autrement brillantes que celles dont j'étais ébloui ! Ce que je désire, c'est tout, puisque je ne sais réellement rien de lui.

Il y a, dans l'Apôtre, une merveilleuse parole : « Qui sait ce qui est dans l'homme, sinon l'esprit de l'homme lui-même, et par conséquent, qui sait ce qui est en Dieu, sinon l'esprit de Dieu ? » Méditez cette formule, Messieurs ! Ah ! vous croyez savoir l'infini !... Absolument comme vous me savez !... Mon visage, ma voix, mes yeux, mes gestes, tout ce qui me révèle en apparence, vous permet de deviner de moi quoi ?... Ce que je veux bien vous livrer : pas autre chose ! Vous ne savez de moi que ce qu'il me convient. Les inductions que vous tirerez des apparences pourront être merveilleusement logiques, mais mon secret reste à moi : *Secretum meum mihi*. Impossible d'aller au delà. De même l'infini se présente à vous dans sa personnalité vivante, en apparence définie. Oui, c'est vrai ; mais sa vie intime, son essence, ses desseins secrets, avant que les manifestations vous permettent d'en deviner quelque chose ; par conséquent, la science de sa vie à l'intérieur et de ses rapports avec vous-mêmes, qu'en savez-vous ? Rien ; car le peu que vous en savez est à la totalité de la connaissance ce que le zéro est à un chiffre quelconque. Son secret reste à lui, par la raison toute simple qu'il y a une impossibilité absolue d'arriver à le connaître.

Connaître un homme, en fin de compte, c'est être lui-même. Je vous disais tout à l'heure : Vous me regardez, m'entendez, m'observez, me pénétrez, et vous prétendez me connaître ?... Non, je peux être devant vous le plus habile des hypocrites, sans que vous vous en aperceviez le moins du monde. Mon secret est à moi. Pour me connaître, il faut être moi, et, si l'on n'est pas moi, il faut être quelqu'un que je fasse moi.

Supposez, dans un homme, une intelligence assez associée à la mienne pour qu'elle soit le vase où je verse toutes mes pensées ; un cœur assez semblable au mien pour que ma joie soit de vivre de sa propre vie et, par conséquent, de lui donner la mienne ; une énergie, dont je sente qu'elle m'est nécessaire pour achever mon énergie, et que je dois fondre ma volonté et la sienne, alors, oui, celui-là me saura. L'équation parfaite se fera entre l'intelligence qui m'observe et l'être que je suis ; alors il y aura science véritable ! S'agit-il de connaître l'infini ? Appliquez les mêmes principes : Pour connaître l'infini, il faut être infini, ou quelqu'un d'admis en participation de sa puissance de connaître ; il faut être Dieu ou cet ami pour lequel Dieu n'a pas de secret.

Être Dieu n'est pas possible, puisque Dieu est nécessairement unique : la notion de l'infini excluant la dualité. Donc il n'y a que Dieu qui sache Dieu ; ou bien, s'il y a, dans la vie divine, une heure où domine *cette folie* que dénonce saint Paul, — *ce scandale des soi-disant sages*, conséquence de cette ineffable folie, — où Dieu, pris d'amour pour les hommes, veut bien leur livrer son secret ; si son cœur, enivré d'une passion pareille à celle que nous ressentons quelquefois, veut bien ouvrir son cœur ; s'il s'est uni à l'ami qu'il a daigné choisir dans cette identité de l'intelligence et du cœur où deux êtres semblent n'avoir plus qu'une vie, la pénétration de l'infini deviendra possible. Il y aura une équation, relative au moins, entre l'intelligence de l'homme et la part de l'infini que celui-ci permettra d'étudier. Mais alors aussi, Messieurs, nous aurons résolu le problème autrement que nous n'attendions. Ce n'est pas de l'effort de l'intelligence humaine que viendra la connaissance de l'infini : c'est de la révélation libre et spontanée de l'infini lui-même.

Vous ne me connaissez pas, et je vous défie de me connaître ; mais vous avez, par je ne sais quelle habile manœuvre, circonvenu mon cœur, et, devenu votre esclave, je n'ai plus rien à vous refuser. Prenez mon âme et lisez-y comme j'y lis moi-même : et, si votre regard n'est pas assez pénétrant, écoutez! C'est moi qui ferai la lumière et en étendrai les ondes lumineuses, jusqu'au point où tout de moi vous sera révélé. Alors vraiment, vous me saurez, comme je me sais moi-même !

O Dieu impénétrable, dont le caractère est de s'imposer, mais aussi d'être incompréhensible, en raison de la disproportion irréductible entre l'infini de votre être et le fini de son intelligence, vous savez combien nous désirons connaître, combien nous voulons aimer, combien nous voulons posséder et que l'infini est le terme seul de notre rêve! De la vérité encore! De la lumière, encore de la lumière ! De l'amour, encore de l'amour! De la vie, encore de la vie !

O Maître de la vérité, ô principe de l'amour, ô source de la puissance, laisserez-vous mon âme désirer, sans que jamais se réalise son désir? Me laisserez-vous toujours aux portes de l'infini sans qu'il s'ouvre ? Y frapperai-je, comme Lacordaire : « Ouvrez-moi, ouvrez-moi ! Seigneur, ouvrez moi! » Et verra-t-on sur mon front mourant la sueur de l'agonie qui épuise la vie dans une vaine espérance? Oh ! non, vous ne ferez pas cela. J'ai dit de vous que vous étiez la toute-puissance, mais aussi que vous étiez la miséricorde infinie ; j'ai dit que vous saviez par votre science et votre présence ce qui est au fond de mon cœur et, puisque vous le connaissez, pourriez-vous ne pas réaliser mon désir? Mais, Seigneur, vous êtes le bien, et la vieille philosophie dit du bien qu'il aspire à se répandre ; vous êtes la lumière, mais elle est de sa nature expansive ; vous êtes la beauté, mais elle appelle spontanément l'amour ; vous êtes la force, mais elle désire l'hommage. Seigneur, Seigneur, me refuserez-vous, de vous connaître et de vous aimer? Non, l'équation, que je ne puis faire naturellement, vous allez la faire, et vous la ferez surnaturellement, puisque c'est vous qui agirez. Vous allez établir entre mon intelligence et son objet cette égalité merveilleuse qui sera mon orgueil, si tant est que je puisse être orgueilleux, mendiant sublime, comme eût dit Augustin, de l'aumône divine que vous m'aurez faite. Et alors, vraiment, je saurai, Seigneur; l'infini me pénétrera, non pas tout d'un coup, le vase est trop étroit, mais par effluves merveilleux se succédant, au gré de votre sagesse, variant toujours le charme et achevant par degrés la pénétration de l'âme. Seigneur, Seigneur, je verrai, je verrai non pas dans ma lumière, mais en votre lumière : *In lumine tuo videbimus lumen*.

L'infini s'impose; il est incompréhensible à l'effort de la raison livrée à ses propres forces; mais il peut, s'il se penche, se rendre accessible; et nous arrivons ainsi, Messieurs, à l'idée de révélation. Alors aussi nous arrivons à cette conclusion qu'il y a un ensemble de vérités, toute une doctrine que l'on peut qualifier de surnaturelle. Vous voyez combien Pasteur avait raison. « Alors, dit-il, c'est vrai, il faut demander grâce à sa raison. On se sent près d'être saisi par la sublime folie de Pascal. » On est obligé pourtant de s'incliner, parce que l'infini ne sera jamais entre les mains du fini qu'autant qu'il lui conviendra, et, s'il y a de lui une connaissance exacte en l'intelligence humaine, elle sera le résultat d'une manifestation surnaturelle, puisqu'elle sera libre et spontanée de la part de l'infini.

Ainsi, Messieurs, vous pouvez juger la folie de cette sagesse qui refuse d'accepter la notion du surnaturel, pour avoir le droit de récuser la mission de l'Église. « J'aime mieux être un animal perfectionné (vous connaissez la formule) que d'être un homme dégénéré. » Il est en effet plus facile d'obéir à l'atavisme brutal que de travailler à la réparation de la faute originelle; autrement commode de subir une soi-disant fatalité que de faire, par la lutte, en sa vie, le règne de la vérité et de l'honneur. A chacun ses préférences! Les miennes, Messieurs, et j'espère aussi les vôtres, sont de tout autre nature. Fils de la lumière, faits pour sa recherche et sa vision, nous ne regrettons pas d'avoir à reconnaître en notre origine et notre héritage ce mystère de gloire où nous avons besoin d'une main divine pour pénétrer plus avant et posséder suivant notre désir. Laissant donc à l'écart les aveugles et les boiteux volontaires, frappons hardiment à la porte du sanctuaire et demandons avec confiance à la divinité de lever son voile devant nos regards et nos cœurs, remplis de respect et d'amour.

AVIS IMPORTANT

Les Conférences paraîtront en volume très prochainement, soigneusement revues et enrichies de notes nombreuses.

On peut souscrire dès maintenant aux bureaux de la « Revue Thomiste », 222, faubourg Saint-Honoré, Paris.

Prix de catalogue .... 5 »
Prix de souscription (*franco*, en s'adressant directement à nous). 4 25

PARIS. — F. LEVÉ, IMPRIMEUR DE L'ARCHEVÊCHÉ, RUE CASSETTE, 17.

CONFÉRENCES DE NOTRE-DAME

CARÈME 1897

Troisième Conférence. — 21 mars 1897.

Objet de l'enseignement de l'Église. — Sa révélation.

Monseigneur,

Messieurs,

Pour croire à la mission que s'attribue l'Église de conserver et de répandre dans le monde la vérité surnaturelle, il est évident que nous devons d'abord établir la réalité de cet objet, c'est-à-dire de connaissances auxquelles la raison humaine ne peut arriver par son effort naturel : à quoi nous sommes arrivés en proclamant, suivant la parole de Pasteur, l'infini, c'est-à-dire l'être nécessairement inaccessible à notre raison livrée à ses propres ressources. S'il veut bien, librement et spontanément, se révéler à l'intelligence humaine, elle aura de lui une connaissance qui réponde à nos désirs toujours renouvelés de vision, d'amour et d'union ; sinon, quoi qu'elle fasse, il n'y aura jamais pour elle qu'une connaissance indécise et incomplète. Les œuvres parlent de l'ouvrier; le monde visible nous parlera de son auteur et nous permettra de préciser quelques-uns de ses attributs. La science de sa vie intime, la pénétration de son être, nous resteront interdites.

Nous sommes ainsi amenés à cette autre conclusion que l'Église, pour justifier de sa mission, doit établir en nos âmes la certitude d'une révélation.

La révélation est-elle possible ? A-t-elle réellement eu lieu ? En admettant qu'elle se soit produite, à quels caractères indubitables pouvons-nous la reconnaître ? Telles sont les questions à résoudre. Permettez-moi, Messieurs, de réclamer de vous une attention toute spéciale : moins abstrait que celui que nous traitions il y a huit jours,

(Sténographié par Gustave Duployé, 36, rue de Rivoli.)

notre sujet demande cependant toute la réflexion dont les meilleures âmes sont capables.

Peut-être trouvez-vous, Messieurs, que je pose d'abord une question inutile : La révélation est-elle possible ? En d'autres termes, l'intelligence infinie peut-elle entrer en rapports avec notre intelligence pour l'éclairer et y produire une connaissance certaine ? Il semble que poser la question ce soit la résoudre ; car de quel côté viendrait l'impossibilité ? De la part de l'infini lui-même ?... Non, puisque l'infini suppose la plénitude de la puissance et, dès lors, ne saurait admettre qu'il y ait, pour l'intelligence infinie, difficulté quelconque à agir sur une intelligence qui est son œuvre. Le moyen d'action, sans doute, nous ne le connaissons pas ; mais, de cette ignorance du procédé, nous ne pouvons pas conclure à l'impossibilité de l'opération.

Est-ce de la part des vérités surnaturelles elles-mêmes ? Mais la vérité est, de soi, quelque chose d'intelligible, même dans l'ordre surnaturel. La raison est faite pour comprendre ce qui est intelligible ; il y a donc, entre la raison et la vérité, quelle qu'elle soit, un rapport nécessaire. La raison n'a pas naturellement les moyens d'opérer l'équation entre elle et l'être, qui fait la science exacte ; mais elle peut l'avoir par une force ajoutée. La puissance de l'infini peut se mettre progressivement au service de la raison et, par conséquent, la nature de la vérité surnaturelle ne crée aucune impossibilité à nos rapports avec l'infini.

Sera-ce de notre côté à nous ? Je viens de répondre. L'intelligence humaine est un vase étroit où l'infini ne se peut verser sans déborder immédiatement ; mais, s'il convient à l'infini de dilater le vase à l'indéfini et de le faire capable de recevoir la manifestation progressive de la vérité surnaturelle, où est l'impossibilité ? Il restera tout simplement, je le répète, la difficulté qui peut naître de l'ignorance du moyen ; il nous importe très peu. Dieu peut garder le secret de ses procédés ; le résultat constaté, ne devons-nous pas, dans le respect dû à la majesté qui se révèle, nous borner à l'adorer et à le remercier, sans qu'une curiosité plus qu'enfantine ne l'irrite, et ne ferme les expansions de son esprit et de son cœur ?

Ainsi, ni du côté de l'infini, ni du côté de la vérité surnaturelle, ni du côté de la raison elle-même, nous ne constatons d'impossibilité à la révélation. Nous pourrions donc passer outre.

Toutefois, encore un mot : cette impossibilité est si peu compréhensible que l'humanité tout entière atteste non seulement la possibilité, mais encore la réalité de la révélation. Elle a constamment affirmé que Dieu lui a parlé lui-même. Il n'y a pas d'assertion historique plus facilement démontrable. Vous ne l'avez peut-être jamais remarqué, Messieurs : c'est pourquoi je veux y insister avec vous, vous en montrer toute la puissance, de telle façon que la conclusion en sorte d'elle-même.

A quelque moment de l'histoire que vous remontiez, à quelque point de l'étendue que vous arrêtiez vos pas, sous quelque forme sociale qu'il vous plaise d'étudier l'homme, vous constatez que l'humanité croit à l'intervention de la divinité en la formation de ses croyances et de ses mœurs. A vos pères, Messieurs, le Père Lacordaire disait ici même : « Partout où Dieu est adoré, il l'est en vertu d'une doctrine surnaturelle », c'est-à-dire d'une révélation. Il n'y a pas à s'inscrire en faux contre ce fait, que Dieu soit adoré sous tous les cieux et dans tous les temps. Parce que, ici ou là, quelques intelligences affolées se sont glorifiées d'un athéisme plus ou moins sincère, ou que des peuplades grossières et peu connues ne semblent pas d'abord s'unir au témoignage constant et universel de l'humanité, nous ne nierons pas l'adoration universelle et permanente de Dieu. Ainsi de la révélation. Vous pouvez trouver, de-ci de-là, quelques dissonances dans le concert, quelques esprits auxquels le fait de la révélation paraisse contestable ; quelques peuplades plus ou moins étudiées, chez lesquelles on n'a pu encore constater la croyance à Dieu révélateur ; je vous le passerai, mais non pas sans réserves. Les individualités, je vous les abandonne : que prouvent-elles ? Mais les nations, c'est une autre affaire. Même en notre temps, si dans les ombres du continent noir, par exemple, ou des îles océaniennes, l'étude pénètre de plus en plus, n'en vient-elle pas à constater, dans le plus grossier fétichisme, la préoccupation constante du commerce surnaturel entre l'homme et Dieu.

Le plus ignoble des fétiches, qu'est-il en fin de compte ? Une représentation de la divinité, un mémorial de son influence sur l'âme et la vie, d'une parole dite ou à dire par l'être supérieur à l'être qui dépend de lui. Voici donc le témoignage de la révélation, et que nous retrouvons partout et toujours. L'homme a cru dès les origines que Dieu lui a parlé pour se révéler, lui apprendre sa nature à lui-même, et déterminer les rapports nécessaires entre Dieu et l'homme, dans l'ordre social et l'ordre religieux. C'est un fait d'histoire classique, que toute société politique ou religieuse naît d'une révélation. Que vous évoquiez l'Égérie problématique de Numa ou l'ange Gabriel, plus problématique encore, de Mahomet, vous trouvez la même idée à la base des sociétés politiques et religieuses : on ne fonde un peuple ou un culte qu'à la condition d'avoir reçu de Dieu la formule de ses lois ou de ses rites. Aujourd'hui, comme autrefois, vous pouvez, en réunissant la connaissance du passé à celle du présent, constater absolument la même conviction. A travers les siècles, depuis la lointaine Égypte jusqu'à nous ; dans le chaos des formes mythologiques, philosophiques ou religieuses, comme il vous plaira dire, vous la retrouverez absolument identique à elle-même. Le Chinois qui raffine ses conceptions, et le nègre qui les formule à peine, — le barbare qui débute dans la civilisation et le Grec qui la consomme, — nous-mêmes qui nous disons arrivés aux sommets des choses et ces tribus à peine entrées dans la voie où se rencontrent les nations, — tout ce qui pense et parle rend le même témoignage : Dieu a parlé à l'humanité. Il vous plaît de tenir compte de certaines divergences, et vous avez trouvé peut-être que je traitais tout à l'heure avec désinvolture des individualités que vous appelez puissantes et dont le témoignage vous intéresse : soit! Mais à ces individualités toujours rares, Messieurs, n'ayant jamais laissé qu'une mémoire douteuse et une influence qui, malheureusement, ne l'est pas, opposez, je vous prie, les grandes voix qui attestent, dans l'histoire, la croyance à la révélation? De quel côté penchera la balance?

Ce ne sont pas seulement les masses, faciles à saisir et à entraîner, dites-vous, qui croient à la révélation ; ce ne sont pas seulement les ignorants, les illettrés, ceux qui n'ont de la philosophie ou de la science que des connaissances à peine ébauchées. Ce sont les plus illustres des philosophes, les plus éloquents des orateurs, les plus inspirés des poètes ; ce sont les plus profonds des savants. Je vous défie, Messieurs, de rendre la comparaison supportable pendant cinq minutes. Pour n'invoquer, en votre temps, qu'un nom, — et pour n'interroger qu'une des voix de l'humanité contemporaine, voulez-vous mettre en balance toutes les voix discordantes et la seule voix du savant à qui je prenais récemment l'idée de l'infini ; puis... dites, Messieurs, de bavards et de sophistes, combien en faudra-t-il pour faire un Pasteur ? Concluons : le témoignage de l'humanité est unanime en faveur de la révélation ; il ne nous est donc pas permis de l'écarter.

La vieille philosophie, cherchant quels étaient les caractères des témoignages qui s'imposaient, répondait : Ceux qui sont universels, constants et concordants. Or, si vous appliquez ces caractères au témoignage que nous étudions, que trouvez-vous ? Il est universel, il n'y a pas de doute. Il est constant, c'est incontestable ; il est concordant avec lui-même d'une extrémité du temps à l'autre : admirablement ! Dans tous les siècles, sous tous les cieux, à travers toutes les variations de l'esprit humain, nous retrouvons ce fait universellement et constamment attesté, que Dieu a daigné se révéler aux hommes. Nous avons donc ici le témoignage du sens universel. Je ne veux pas, Messieurs, que vous m'accusiez de tomber ici dans l'erreur de M. de Lamennais et d'invoquer le témoignage du sens commun comme un critérium indiscutable de vérité. Il y a longtemps qu'on a remis les choses à leur place ; le témoignage du sens commun ne crée pas la vérité, mais la vérité, précisément parce qu'elle est indiscutable, crée le sens commun, et c'est en ce sens que j'invoque le témoignage de l'humanité. Cette vérité est tellement indéniable, si profondément attachée aux entrailles de l'humanité et à ses lèvres, qu'il n'y a pas deux sentiments, deux témoignages possibles à son endroit. Le sens commun, le témoignage universel l'attestent : « Dieu a parlé à l'humanité. »

Mais, dites-vous, ce témoignage présente de tels caractères de discordance et de variation, même de contradiction, qu'il semble d'abord impossible de lui donner son assentiment. Que les peuples affirment tous que Dieu leur a parlé, c'est évident ; que toutes les religions partent de l'idée de révélation, nous en convenons ; que toutes les nations soient fondées sur l'idée de l'intervention divine dans la vie humaine, passe encore. Mais il y a autant de variations qu'il y a de générations ou de peuples dans la forme de cette affirmation : « Dieu a parlé aux hommes. »

Très bien, Messieurs ; j'en tombe d'accord avec vous, à condition, toutefois, que vous ferez avec moi cette simple observation. Il y a longtemps qu'on admet la distinction à établir, entre la substance d'un témoignage et sa forme, entre le fait qui en est le fond et le récit qui en est la forme. Jamais personne n'a contesté la légitimité ou la nécessité de cette distinction. Mais si vous l'admettez, vous arrivez sans doute aussi à la conclusion : les variations dans la forme n'empêchent pas le moins du monde la constatation du fait qui fait le fond du témoignage rendu. Un même fait m'est affirmé par cent hommes, qui revêtent la narration de ce fait de cent formes différentes. Je retiens le fait, parce qu'il n'est pas possible que cent hommes de bon sens se soient trompés du même coup ; mais j'étudie scrupuleusement la forme, de manière à y déterminer ce ce qui est contraire à la raison et à l'éliminer sans pitié. De même, dans l'humanité, les générations se lèvent et les peuples se succèdent dans le même témoignage, les siècles et les races sont d'accord pour me dire : « J'ai vu Dieu »; je retiens le fait. Mais le son de la voix, l'éclat du visage, l'allure et la physionomie, tout cela varie dans les portraits : je les soumets à une critique aussi exigeante, aussi sévère qu'il vous conviendra ; je demande que la raison n'ait plus rien, absolument rien à objecter. Mais enfin, lorsque ma raison arrive à constater qu'il n'y a plus d'objection possible, que j'ai trouvé les caractères indiscutables de la vérité, il faut pourtant que je m'incline et dise : « Dieu a parlé en telle forme et non pas en telle autre. »

Il nous reste donc, Messieurs, une question à étudier : l'humanité atteste que Dieu a parlé. Le fait en lui-même est parfaitement possible, nous l'avons vu. Il est garanti par le témoignage universel ; mais y a-t-il une forme en laquelle nous puissions dire que se retrouve certainement la doctrine révélée ? Je vous étonne peut-être ; mais je puis vous affirmer, sans hésitation, qu'il n'y a rien de plus aisé à démêler que ce prétendu chaos, et que la formule nécessaire à la révélation est des plus faciles à trouver. Je réclame encore une fois votre attention. C'est ici surtout qu'elle m'est nécessaire.

*
* *

La doctrine qui renferme la révélation, c'est-à-dire la parole de Dieu à l'humanité, se reconnait d'après Dieu lui-même qui parle, l'homme auquel il parle, l'action que doit exercer sa parole, et l'étendue que doit avoir cette action. Ce sont là, je pense, des principes que personne de vous ne met en discussion.

Dès lors, à quoi la doctrine révélée va-t-elle se reconnaître? Elle vient, disons-nous, de Dieu; elle s'adresse à l'homme; elle a pour but la perfection de l'homme; les hommes sont une grande famille où tous sont égaux. La vérité surnaturelle a donc pour caractère — divine, d'être mystérieuse; — s'adressant à l'homme, d'être rationnelle; — devant produire le progrès, d'être bienfaisante ou sanctificatrice, comme il vous plaira; — s'adressant à la raison qui est la même en tous les hommes, d'être universelle. Tels sont les caractères de la révélation : cherchez, vous n'en trouverez pas d'autre. Ainsi, lorsqu'on vient me dire : « Dieu a parlé, » et qu'on me donne à étudier la formule de sa parole, ma réponse est toute prête : « Vous vous dites d'origine divine. Vous avez, par conséquent, la marque du divin. Le divin, c'est l'infini; l'infini, c'est l'incompréhensible, et, lors même que la connaissance en est livrée progressivement, indéfiniment à l'esprit, il faut qu'à chaque instant elle dépasse l'intelligence qui la reçoit et que, si grande que soit la lumière, la révélation reste inachevée et que le mystère y coudoie l'évidence. Il n'y a pas à sortir de là, Messieurs : je vous en défie. Vous ne pouvez connaître l'incompréhensible autrement qu'en raison d'un mouvement spontané. Mais, si généreux qu'il soit, il ne peut pas faire que vous deveniez lui-même. Il dilate le vase, sans jamais l'égaler à la quantité des vérités à recevoir. Il y a donc constamment progrès dans la vision; mais il reste aussi constamment le mystère, puisque l'incompréhensible n'est pas pénétré jusqu'au fond et, dès lors, toute vérité qui me vient de Dieu satisfait ma raison, mais en même temps la dépasse.

Si donc vous apportez une doctrine dont je prends tout de suite la mesure et dont je prévois, si je ne le vois pas tout de suite, le dernier mot, je ne puis la dire divine. Si même vous m'affirmez une doctrine dont vous dites : « Un individu ne peut pas l'épuiser, mais voici qu'une génération s'y attache et va y réussir »... elle n'est pas divine. Si vous me dites : « Les siècles, en se succédant, achèveront le travail des individus, des écoles, des générations, l'avenir nous donnera le dernier mot de Dieu, » je réponds : « Erreur! votre doctrine n'est pas divine. Vous entasserez le génie sur l'expérience; — les générations sur les siècles; — vous entasserez les mondes sur les êtres, — et vous aurez laissé subsister l'irréductibilité des proportions entre l'infini qui me parle et ma raison qui l'entend, et toujours il restera, quelque clarté qu'il y ait en cette parole, le mystère à côté de l'évidence. Dès lors, Messieurs, vous pouvez voir ce que valent les doctrines rationalistes, ces religions naturelles qui vous satisfont si facilement! Car enfin, Messieurs, permettez-moi de vous parler comme il convient, vous êtes trop souvent férus de passion pour la raison humaine, — de ceux qui se glorifient de se faire leur religion, qui ne veulent pas qu'on leur fasse leur Dieu (pour parler leur langage), qui entendent que leurs rapports avec la divinité soient définis par eux-mêmes... Absurde! absurde! absurde! Mais, si c'est Dieu, insensés! il dépasse votre entendement! Si c'est sa parole, elle déborde de tous les côtés du vase étroit où vous prétendez l'enfermer! Si c'est l'infini, le peu que vous en voyez accentue l'ombre par la lumière: le mystère est d'autant plus profond que la connaissance est plus exacte!

Donc le premier caractère inéluctable de la révélation, c'est le mystère, et l'humanité ne s'y est jamais trompée. Messieurs, le sens commun et la philosophie n'ont pas souvent fait bon ménage! L'humanité a toujours été en contradiction avec ces fameuses doctrines qui prétendent représenter l'esprit humain; elle a toujours eu le goût des mystères, et, — chose étrange, — les philosophes plus que les autres. Ce n'est pas notre temps, n'est-ce pas, qui me démentira! S'il y a des gens chez qui l'occultisme soit en faveur, c'est surtout ceux qui ne veulent pas des mystères catholiques. On les mène à l'absurde, — dans l'ombre où ils s'enfoncent joyeusement et avec un admirable entrain, plutôt que d'accepter le symbole catholique. Pasteur avait bien raison, quand il disait que proclamer le nom de l'infini, — fût-ce celui qu'ils acceptent, — c'est entasser plus de mystères qu'il n'y en a dans tous les miracles de toutes les religions. Ils ne veulent pas de l'infini catholique... de l'autre, tant qu'il vous plaira! Il est vrai que celui-ci, — par ce qu'ils le définissent, — ne les gêne guère, tandis que le véritable est quelque peu gênant, nous allons le voir tout à l'heure. Laissons-les à leurs rêves et revenons à cette conclusion inéluctable que, partout où est la parole de Dieu, il y a mystère, parce qu'il n'est jamais possible de voir pleinement l'infini, et que, plus il est lumineux, à un point quelconque, plus il accentue les ombres sur les autres points. Une doctrine qui n'est pas mystérieuse n'a donc jamais eu rien de commun avec la révélation.

Tel est, Messieurs, le premier caractère. Le second se tire de notre nature à nous-mêmes. Dieu parle à des êtres raisonnables ; et c'est lui-même qui leur a donné la raison ; il n'est pas admissible que la doctrine qu'il leur enseigne contredise la raison faite pour recevoir et constater la vérité. Si donc une doctrine est irrationnelle, c'est-à-dire contredit la raison, elle n'est pas révélée ; car il est impossible qu'il y ait une contradiction, même légère, entre l'intelligence divine et l'intelligence humaine. Messieurs, ceci vous étonne peut-être. Suivant les docteurs de journaux, de revues, voire de chaires savantes, la foi n'a rien à voir avec la raison : c'est une affaire de sentiment. « On ne démontre pas l'indémontrable, » comme dit éloquemment l'un d'eux, et les prédicateurs ont bien tort de s'attarder à ces démonstrations qui ne saisissent pas de si puissants esprits ! Nous autres, petits esprits, nous croyons que l'intelligence divine ne peut pas se mettre en contradiction avec l'intelligence humaine, — même l'intelligence d'un petit enfant, — et le critérium de la vérité surnaturelle comme de la vérité naturelle, c'est l'accord entre l'être et l'intelligence, inconcevable là où il y a contradiction ; c'est de toute évidence. Par conséquent, si une doctrine contredit en quoi que ce soit les principes fondamentaux de la raison, elle n'est pas révélée.

Je ne dis pas, remarquez-le bien : « si elle dépasse ma raison, » — parce que nous venons de voir le contraire. Dépasser la raison et la contredire, ce sont deux choses éminemment différentes. De ce que je ne comprends pas une affirmation, il ne s'ensuit pas qu'elle soit déraisonnable ; de ce que je ne vois pas, il ne s'ensuit pas que l'on ne puisse pas voir ; de ce que je suis myope, il ne s'ensuit pas que d'autres ne voient pas jusqu'à l'horizon ; de ce que je suis ignorant, il ne s'ensuit pas que d'autres n'en savent pas davantage : c'est de toute évidence. Par conséquent, il ne s'agit pas ici de savoir si la formule révélée dépasse la raison, mais la contredit, et, s'il y a une contradiction dans la formule qu'on me propose, non, elle n'est pas révélée !

La révélation est essentiellement rationnelle. Mais une doc-

trine ne serait pas suffisamment rationnelle si elle n'était pas
féconde. Elle doit avoir pour résultat le progrès dans le bien de
celui qui l'accepte ; elle doit viser à sa perfection. Une doctrine qui
vient de Dieu, raison parfaite, doit être éminemment féconde,
principe de progrès, et gage de perfection, autant que l'humanité en est capable. L'appeler moralisatrice ne suffirait pas. Toutes
les doctrines humaines ont la prétention de moraliser : ce qui
implique purement et simplement la ressemblance entre le disciple et son maître, entre un homme et un homme. Le maître a
une vue meilleure, suivant lui, de l'idéal humain ; le disciple
s'applique à le réaliser ; c'est l'œuvre de moralisation telle que
les philosophies la comprennent. Pour ceux qui ont Dieu comme
maître, Dieu aussi est le modèle d'après lequel se guide leur
effort. Moraliser, suivant la doctrine révélée, ce n'est pas produire la ressemblance avec un homme, mais avec l'infini lui-même ;
et puisque l'infini c'est la sainteté, la doctrine doit être sanctificatrice. Elle doit sans trêve combattre les préjugés et les passions ;
assurer le règne progressif de l'esprit sur la chair ; dégager de la
terre pour élever vers le ciel où réside la divinité ; elle doit incessamment dissiper les nuages accumulés par les doctrines humaines,
pour laisser resplendir le soleil de la raison divine. Si donc une
doctrine assure qu'il faut flatter la chair, dût-on ravaler l'esprit ; si
elle prêche le plaisir, la jouissance, la licence des mœurs ; si j'y
trouve que chacun de nous est le libre fabricateur de sa morale,
qu'il est sa loi, qu'il peut être une brute sans cesser d'être un
homme, évidemment elle n'a rien de commun avec la révélation ;
Dieu ne s'est pas penché vers l'homme pour l'abaisser, mais pour
lui montrer la route par où l'on monte jusqu'à son voisinage, bien
loin de la fange et de la poussière où achèvent de mourir les êtres
indignes de l'entendre et de partager son bonheur.

Il reste un caractère : Les hommes sont tous semblables par
leur nature ; un homme c'est toute l'humanité, et toute l'humanité, peut-on dire, se retrouve dans un homme. La raison qui est en
moi, c'est la même qui est en vous ; notre raison est celle de tous
les hommes de l'heure présente, des siècles passés et des siècles à
venir. C'est la raison humaine purement et simplement, et la raison
a été mise en chacun des hommes comme le moyen d'entrer en

rapports avec la vérité ; faculté plus ou moins puissante suivant l'âge, suivant le labeur, suivant les illuminations extérieures, mais identique dans tous les hommes, et qui suppose en chacun d'eux, à quelque âge, en quelque condition qu'il soit, la possibilité de prendre suffisamment de lumière pour voir sa route et, surtout, suffisamment de force pour aller en avant, suffisamment de gloire pour être entouré du même nimbe qui couronne ses semblables dans le travail et la récompense. Les petits enfants l'ont dans une mesure, les vieillards dans une autre ; les hommes de génie dans une mesure, le commun des hommes en une autre ; ceux-là qui ont creusé la science en une mesure, ceux qui glissent à la surface en une autre ; mais ils ont tous la même raison qui vit de la même vérité. Ils ont tous, par conséquent, besoin du même secours pour connaître la vérité surnaturelle à laquelle ils ont tous le même droit, s'il est permis de le dire : le caractère de la doctrine révélée, puisqu'elle procède de Celui qui, dans la liberté, c'est-à-dire dans l'amour, a donné la même raison à tous les hommes, c'est de verser la lumière dans toutes les intelligences. S'il y a, quelque part, un enfant pour qui elle ne brille pas, ce n'est pas la vérité divine. Si vous créez les catégories au bénéfice du génie, de la richesse, du loisir ; si vous faites de la vérité le lot d'une école, d'un groupe, d'une génération, d'un peuple, je ne puis reconnaître la vérité divine. Nous sommes tous les enfants de Dieu, et nous sommes tous, par nature, de même valeur à ses yeux : d'instinct, nous le comprenons. Il n'y a pas la même possibilité à tous de le voir et de le comprendre, s'il s'agit de l'étendue de la connaissance ; mais il doit y avoir pour tous la même possibilité de le savoir assez pour le connaître vraiment, pour l'aimer et le servir comme il lui convient, et, dès lors, le dernier caractère de la révélation, c'est d'être universelle, ou catholique pour parler notre langage habituel, — puisque les deux mots ont absolument le même sens.

Résumons-nous. La doctrine révélée doit être mystérieuse, parce que c'est la parole de Dieu ; — rationnelle, puisqu'elle s'adresse à la raison humaine ; — bienfaisante ou sanctificatrice, puisqu'elle a pour but la ressemblance de Celui qui se révèle, — et enfin universelle, puisqu'elle convient nécessairement à tous les hommes.

Trouvons-nous dans le monde une doctrine qui réunisse ces caractères? En trouvons-nous plusieurs? Voici la réponse : il y en a une, mais il n'y en a qu'une.

Nous écartons tout de suite, n'est-ce pas, les doctrines purement rationalistes : nous avons dit pourquoi. Elles ne veulent pas du mystère : elles se jugent elles-mêmes. Nous écartons également, comme irrationnelles, toutes les mythologies possibles : elles se condamnent par le seul fait qu'elles s'exposent. Nous écartons à plus forte raison toutes les doctrines immorales, parce qu'elles sont flétries par le premier regard honnête. Nous écartons toutes les doctrines d'école ou de nationalité, parce qu'elles n'ont pas le dernier et suprême caractère de la vérité. Nous écartons par conséquent les élucubrations qui ne procèdent que de l'homme, si brillantes et si profondes qu'on les juge, — toutes les mythologies, si raffinées et délicates qu'on les dise, même ce bouddhisme qui a, dit-on, dans Paris tant de zélés sectateurs. Nous écartons le mahométisme, encore qu'il ait un regain, paraît-il, de curiosité, sinon de faveur dans notre temps, parce que je ne pense pas que vous lui reconnaissiez un caractère de moralisation supérieure. Nous écartons même toutes les sectes chrétiennes, parce qu'elles sont plus ou moins des doctrines de nationalités. On est protestant, parce qu'on est Anglais ou Prussien ; on est schismatique, parce qu'on est Grec ou Russe. Soit ; mais qu'est-ce que la nationalité allemande ou anglaise, russe ou grecque en regard de l'universalité qui convient à la vérité? Le judaïsme, — qui nous engendre, si j'ose ainsi parler, — n'est pas marqué non plus d'un caractère universel. De plus, il a été, de son propre aveu, une doctrine de préparation, de prophétie et d'image ; il appelait, dans l'aurore, le jour qu'il n'est pas ; il reste à jamais sur la route et, par conséquent, nous passons.

Qu'avons-nous encore à voir? Messieurs, permettez-moi de le dire simplement : l'Eglise catholique.

Est-elle mystérieuse? Ah! Messieurs, voyons, vous trouveriez que je me moque de vous, n'est-ce pas, si j'y insistais. Vous le lui reprochez bien assez pour qu'il ne soit pas nécessaire d'en faire la démonstration! Le mystère est de son essence. Allons plus loin.

Est-elle rationnelle? Ici, vous attendez peut-être une longue démonstration! Non, Messieurs, un mot seulement : voilà dix-huit
siècles que vous essayez de la trouver en défaut, y avez-vous réussi?
C'est bien facile à dire que la raison moderne condamne l'Eglise.
Attendez un peu. Dans dix ans d'ici, l'Église aura enterré ses con-
tradicteurs, comme elle a fait tous les dix ans, et ce sera, s'il vous
plaît, à recommencer! Saint Jérôme (c'est déjà vieux, n'est-ce pas?),
saint Jérôme faisait remarquer à ce triomphant philosophe qui
s'appelait l'empereur Julien l'Apostat qu'il ressassait des objections
vieillies. Eh bien! Messieurs, depuis Julien l'Apostat, on n'a rien
trouvé de nouveau! C'est toujours la même chose. Tous les dix ans,
suivant la parole de M. Lerminier, le monde *passe en saluant* cette
grande doctrine chrétienne, notre initiatrice, notre mère c'est vrai,
mais devenue un peu radoteuse, et *qui a été broyée par ces deux grands
marteaux, le protestantisme au XVIe siècle et la philosophie au XVIIIe*.
En sa modestie, M. Lerminier ne parlait pas de la philosophie du
xixe siècle!

Y a-t-il, ici, dix hommes qui aient lu M. Lerminier? Je ne le crois
pas : dix hommes, c'est trop. M. Lerminier est bien enterré. Il en
sera de même pour d'autres dans dix ans et, quand je dis « dix ans »,
c'est une bien longue durée! Dans le temps où nous vivons, il y a
bien peu d'hommes qui occupent l'esprit public pendant si longue
période! Quand vous aurez réussi à mettre à la place de l'Église
quelque chose qui paraisse tant soit peu digne de la remplacer, nous
pourrons discuter avec vous. L'Église a depuis dix-neuf siècles,
contre les rationalistes, cet argument sans réplique, que la raison
n'a rien trouvé pour la remplacer : c'est un second point acquis.

Est-elle bienfaisante, moralisante, sanctificatrice? Mon Dieu,
Messieurs, je ne voudrais pas railler; mais il est difficile de n'en pas
être tenté, avouez-le. Votre philosophie est sublime; c'est entendu.
Allemande ou anglaise d'origine, naturalisée française après avoir
été fortement décrassée à la frontière, nous la trouvons maintenant
à peu près intelligible, même à ceux qui l'ont inventée. Par malheur, elle ne réussit nulle part à produire une vertu. Elle a troublé
les têtes, désolé les cœurs, détruit les espérances, abaissé les caractères, sifflé le patriotisme et conspué le dévouement. Voulez-vous
me montrer la vertu qu'elle a produite, le service qu'elle a rendu?
Voulez-vous me les montrer? Je vois, sous l'empire de cette phi-

losophie, des hommes qui trouvent très noble de se dire descendants des bêtes ; je n'en trouve pas un qui veuille se dire le fils et, par conséquent, l'imitateur de Dieu !

Moralisatrice, elle ne l'a jamais été, votre philosophie ! Quand on fait des jeunes hommes sans vigueur et des hommes sans dignité ; quand on fait... réunissez tous les reproches que l'on fait à notre époque, Messieurs !... Non ! Je ne veux pas me laisser glisser sur la pente où peut-être vous m'attendiez — je vous laisse à dire tout ce que je ne veux pas dire, — je ne dis pas : ce que je n'ose pas dire, car je n'ai pas coutume de mettre des sourdines à ma parole dans le but de plaire ou de ne pas déplaire... Quand on a fait cette génération où il ne reste plus rien debout, où l'espérance même est à peine concevable, sous les ruines entassées, on ne peut vraiment pas parler de moralisation. Dans cette même chaire, où je parle, un homme qui, depuis, ne s'est guère souvenu de sa gloire, a dit cette parole que je vous prie de méditer : « Quand un siècle est pourri, le sophiste et la courtisane s'y mettent. » Eh bien, regardez : voici le sophisme, et, comme toujours, il amène la courtisane ! L'erreur engendre toujours l'immoralité. Oh ! ce n'est pas votre philosophie à coup sûr qui élève ! On a beau parler de la science du devoir qui fait les hommes, de la morale dont on porte la notion en soi-même, de la conscience qui suffit aux victoires et aux progrès ! Grand Dieu, quel verbiage ! Je citais naguère (permettez-moi de la répéter) cette parole d'une mère envoyant son fils à Paris : « Surtout, mon enfant, gardez-vous bien de la morale qui ne passe pas dix heures. » La vôtre, ô prôneurs de la raison, n'a jamais passé dix heures !

Revenons à l'Église. S'il y a des saints dans le monde, ils sont à elle ; s'il y a des vierges, des martyrs, des confesseurs de la foi patriotique et religieuse, des amants passionnés de la liberté, de la pauvreté, du sacrifice, ils sont à elle. Ici, sous ces voûtes, il me semble que je ne devrais plus rien dire ; car les échos me couvrent la voix, et les noms des Lacordaire, des Ravignan, des d'Hulst, s'unissent en un chœur merveilleux pour attester que, si l'on veut encore chanter un hymne à la liberté, à l'abnégation, au sacrifice, il faut en revenir à l'Église et à ceux qui la prêchent !

Messieurs, un dernier caractère : l'universalité. Pour qui sont

faites les philosophies? Pour qui sont faites les sectes religieuses?
Elles sont faites pour les esprits « d'élite ». Ah! grand merci, Messieurs! l'humanité n'a pas vos idées! Quand on est un bourgeois
parvenu ou un demi-savant, on est extrêmement dédaigneux des
pauvres et des ignorants : on est d'une autre race.

> Pauvre grain de poussière
> Qu'un peu de soleil dore et qui dit à son frère :
> « J'ai changé de nature et je suis plus que toi! »

Mais quand on est ce gentilhomme sublime qui s'appelle Jésus-Christ, quand on représente cette noblesse éternelle qui s'appelle
l'infini, on n'a point de ces mépris! Les vrais gentilshommes n'ont
jamais été dédaigneux (leçon aux gentilshommes, s'il y en a ici,
qui l'ont oublié), — et quand on est un véritable savant, on est
modeste (leçon à ceux qui se croient savants!). Quand on est
noblesse et science par essence, comme l'infini, on est l'ami et
le serviteur des petits, on est à tous; et laissant les savants
enfermés dans leurs écoles, les sectes resserrées dans les limites
de leurs nationalités, l'Église, ainsi que le soleil du poète, monte
et rayonne sur l'ensemble des êtres,

> Versant des torrents de lumière
> Sur ses obscurs blasphémateurs.

L'Église seule a ce caractère de catholicité : les siècles l'ont tous
vue à leur service; les petits et les grands à leur service; les savants
et les ignorants à leur service; les princes et les esclaves à leur
service; tout ce qui naît à son service; tout ce qui meurt à son
service. Le monde entier a l'Église à son service. Les enfants savent
déjà son symbole et les vieillards le chantent encore d'une voix qui
s'éteint. Les grandes intelligences comme Thomas d'Aquin et Bossuet sondent sans cesse l'abime et y trouvent toujours plus de joie;
les servantes et les ouvriers se reposent dans la lumière de l'humble
catéchisme. Ceux qui aiment l'étude voient, par elle, reculer les
horizons de la vérité, et ceux qui semblent condamnés aux visions
restreintes, y trouvent la force, la consolation, l'espérance et la
paix. C'est bien l'universalité à tous les points de vue et, par conséquent, Messieurs, les quatre caractères que nous réclamions,
viennent consacrer l'enseignement de l'Église catholique !

.·.

J'ai fini, Messieurs.

Un jour, devant l'un des plus hauts magistrats de Rome, on amena un accusé. Le magistrat s'appelait Ponce-Pilate, de l'ordre des chevaliers « sénatoriaux, d'une race illustrée par les armes et que sa propre bravoure ne diminuait pas ». Ami de César et digne de l'être, quand Tibère était l'homme intelligent et généreux auquel succéda le monstre que vous connaissez, au premier rang de ceux qui détenaient entre leurs mains la puissance sans mesure de la reine des nations, Pilate avait devant lui un Juif bafoué, battu, condamné d'avance par sa propre nation. Il l'interrogea : « Es-tu roi? » Et, dans la réponse de l'accusé qui reportait les origines de son règne en l'éternité même, et ses limites à l'extrémité des temps, il devina le divin dans le mystère, en cet abaissement la majesté de la vertu. Il sentit qu'à l'humanité s'ouvrait, par cet homme et cette parole, un nouvel avenir. Mais il aurait fallu sacrifier la fortune acquise et les rêves de l'ambition : « *Quid est veritas! Où est la vérité?* » répondit-il dédaigneusement... Et Jésus-Christ s'en alla mourir sur une croix! J'espère, Messieurs, que telle ne serait pas votre réponse, si la représentante de Jésus-Christ — son épouse, comme il dit lui-même, — l'Église, venait vous parler de ses divines origines et de l'étendue de son règne. Si votre esprit se rappelait le « *Quid est veritas? Où est la vérité?* »tout en vous, Messieurs, esprit, cœur, volonté, jetterait aux quatre vents du ciel la réponse de Pierre, — un ignorant et un petit, — au bord du lac de Génésareth : « A qui donc voulez-vous que nous allions, puisque c'est à vous seule qu'il appartient de conserver et de répandre dans le monde les paroles de la vie éternelle? »

---◆---

AVIS IMPORTANT

Les Conférences paraîtront en volume très prochainement, soigneusement revues et enrichies de notes nombreuses.

On peut souscrire dès maintenant aux bureaux de la « Revue Thomiste », 222, faubourg Saint-Honoré, Paris.

Prix de catalogue .... 5 »
Prix de souscription (*franco*, en s'adressant directement à nous). 4 25

PARIS. — F. LEVÉ, IMPRIMEUR DE L'ARCHEVÊCHÉ, RUE CASSETTE, 17.

CONFÉRENCES DE NOTRE-DAME

CARÊME 1897

Quatrième Conférence. — 28 mars 1897.

Immutabilité de l'Église enseignante.

MONSEIGNEUR,
MESSIEURS,

Que Dieu puisse se révéler à qui il lui plaît et par les moyens qui lui paraissent convenables, c'est là ce que personne ne peut contester. Qu'il l'ait fait en réalité ; que, dans la suite des siècles, il ait éclairé l'humanité par des manifestations successives faites à nos premiers pères, puis par Moïse et finalement par Jésus-Christ, c'est le témoignage universel que nous avons constaté en notre dernière conférence, de manière à rendre indubitable cette assertion : « Dieu a parlé aux hommes. »

Mais, s'il a parlé, il est de toute évidence que sa parole a revêtu certains caractères empruntés nécessairement à la nature du Dieu qui parle, de la vérité qui est révélée, et de l'homme à qui elle est offerte. Dès lors, si une révélation a réellement existé, comme l'affirme le témoignage unanime, universel et constant de l'humanité, la doctrine où elle se formule est marquée d'un triple caractère facile à déterminer. Elle vient de Dieu, donc elle est mystérieuse, puisque, si large qu'elle soit, elle dépassera toujours la raison humaine et que l'illumination même, sur un point, fera l'obscurité plus profonde sur les points qui restent à connaître. La raison divine parle à la raison humaine ; il n'est donc pas possible que la doctrine ne soit marquée d'un caractère évident de rationabilité. S'il y avait une contradiction, même accidentelle et légère, entre elle et les principes fondamentaux de la raison, nous ne saurions la croire venue de Dieu. D'autre part, une doctrine n'est vraiment rationnelle qu'autant qu'elle est bienfaisante, et puisque ce caractère s'accentue en raison du principe qui le détermine, la révélation

(Sténographié par Gustave Duployé, 36, rue de Rivoli.)

n'est pas seulement bienfaisante ou moralisatrice, au sens ordinaire des mots, elle doit être sanctifiante.

Si nous ne la voyons produire la sainteté, c'est-à-dire la perfection de la vie morale, ce n'est pas la parole de Dieu. En dernier lieu, la raison est en chaque homme ce qu'elle est dans tous les hommes et en tous les hommes ce qu'elle est en chacun de nous : c'est à cette raison unique que s'adresse la raison divine. Il en résulte que la révélation a fatalement un caractère d'universalité qui fait qu'en tous les temps, à tous les âges, sous tous les régimes, la raison humaine doit se reposer, satisfaite, sous l'action bienfaisante de cette lumière qu'on appelle la révélation.

Connaissons-nous une doctrine qui revête ces caractères? Il y en a une, mais une seule : celle que l'Église déclare avoir reçue de Jésus-Christ. Elle est mystérieuse : personne n'en doute. Elle est rationnelle : voilà dix-huit siècles d'efforts absolument inutiles pour la trouver en défaut. Elle est bienfaisante ou sanctifiante : tout ce qui est mérite, progrès, honneur véritable lui appartient éminemment. Elle est universelle, sans rien qui permette de la confondre avec une école, un parti, une nationalité ; elle est essentiellement humaine ; elle s'adresse à tous les hommes, sous tous les cieux, dans tous les temps, sous tous les régimes, à tous les âges, avec ou sans culture. Par conséquent, l'enseignement catholique réunit les caractères indiqués, et nous n'avons qu'une conclusion à poser : la doctrine que l'Église déclare tirer de l'Évangile de Jésus-Christ, renferme réellement la révélation que Dieu a faite de soi aux hommes.

Alors une difficulté surgit. L'Évangile est bien la formule de la révélation ; mais, de l'Évangile à nous, il y a dix-huit siècles et, pour que son enseignement ait le droit de réclamer notre foi, il faut qu'il n'ait pas varié. Or notre défiance peut tenir à deux causes : une altération dans la formule même de la doctrine, et le manque de sûreté dans l'interprétation des points à éclaircir, ou la revendication des principes contestés. Nous avons donc devant les yeux deux objets d'étude : l'immutabilité et l'infaillibilité de l'enseignement de l'Église. C'est trop, évidemment, pour un seul entretien et nous nous bornerons aujourd'hui à étudier la première partie de l'idée. L'Église ne saurait nous demander la foi pour son enseignement, si elle ne peut justifier d'une parfaite immutabilité, c'est-à-dire si elle ne nous présente pas, en son intégrité absolue, le dépôt remis entre ses mains par Jésus-Christ lui-même : tel est le sujet de notre entretien.

* *

L'Église, Messieurs, est la première à réclamer cette démonstration ; et, dans les écoles théologiques, il est élémentaire de proposer à l'étude ce qu'on appelle la note d'apostolicité, c'est-à-dire le lien qui rattache notre temps à celui des Apôtres et notre croyance à l'enseignement des disciples directs de Jésus-Christ. Nous entrons donc pleinement dans les intentions de l'Église elle-même. Elle comprend que, s'il pouvait y avoir un doute, non seulement sur le fond, mais encore sur la forme essentielle de l'enseignement, elle ne pourrait plus réclamer notre adhésion. En effet, je donne volontiers ma foi à la doctrine que je sais tombée directement des lèvres de Jésus-Christ, parce qu'en Lui j'ai confiance comme en l'envoyé de Dieu. Mais alors c'est sa parole même que je veux entendre, pour me l'assimiler et la graver au fond de mon âme. Je n'adhère point à une doctrine qui puisse me paraître humaine, ne fût-ce que par une variation superficielle ou accidentelle de l'enseignement primitif : il me faut l'immutabilité absolue.

Lorsque les sectes chrétiennes reprochent à l'Église de n'avoir pas gardé le dépôt primitif, elle sourit en leur demandant de vouloir bien fixer elles-mêmes la date de la variation. L'entrée des sectes chrétiennes dans l'histoire n'est pas difficile à préciser. Depuis le gnosticisme du premier siècle jusqu'au rationalisme du xviiie, il n'est pas difficile de dire à quel moment telle ou telle erreur s'est produite. La question change de face quand il s'agit, pour les sectes ou les écoles, de déterminer l'heure à laquelle l'Église aurait changé.

Oh ! pour sûr, les allégations abondent et se renouvellent incessamment. Notre siècle, disais-je dimanche dernier, n'a rien inventé. Saint Jérôme raillait Julien l'Apostat de son retour à des objections dès longtemps discréditées. Nous mériterions la même raillerie, à bien plus forte raison ; car, avant saint Jérôme, combien y avait-il de siècles ? Pour nous, il y en a dix-huit d'accomplis, et n'est-ce pas merveille que l'on puisse, après tant d'années, nous voir arrêtés par les mêmes objections ? Ceux qui les rajeunissent ne sont guère au courant de la question ; avouez, Messieurs, que vous ne l'êtes pas davantage : « L'Église a varié », c'est entendu ! Mais voyons, quand? à quelle époque? Précisons, premièrement, l'heure où elle a varié ; secondement, le point sur lequel elle a varié ; troisièmement, la forme exacte en laquelle a eu lieu cette variation. J'attends, Messieurs, et quand vous aurez donné réponse valable à ces trois questions, je m'y arrêterai. En attendant, écoutez l'Église ! Elle vous dit : L'histoire est pour moi ce qu'elle est pour tout le monde : un témoignage équivoque quelquefois, mais que la critique s'ingénie tous les jours à rendre plus précis et plus sûr. J'accepte l'histoire telle qu'elle est. Eh bien, voyons ce qu'elle répond à l'affirmation que moi, — en face de ces variations dont Bossuet pourrait recommencer l'histoire, — moi seule n'ai pas varié.

Tout enseignement est exposé à trois périls : celui qui vient de la violence extérieure ; celui qui naît de l'inintelligence et du faux zèle des disciples mêmes ; celui des révoltes de l'orgueil et des passions qui attaquent la doctrine en sa substance même : par conséquent, les persécutions, les erreurs intimes, les hérésies et les schismes, ou séparations radicales. L'Église a dû courir ce triple danger et, de fait, elle l'a couru. Elle a eu affaire aux persécutions violentes, au faux zèle, aux hérésies et aux schismes, et c'est précisément ce magnifique tableau des luttes de l'Église que je veux mettre devant vos yeux, parce qu'il vous doit être la plus éclatante et la plus concluante démonstration de son immutabilité.

Elle est à peine engendrée, si j'ose ainsi parler, et dans son berceau, suivant le langage des Pères, lorsque commence pour elle la triple persécution dont je parle.

Pilate a frappé le pasteur ; les brebis sont poursuivies par les Juifs, par leurs prêtres et leurs savants, par ce qu'ils appellent leurs rois, les plus vils de la race vile des Hérodes, par les procurateurs romains, magistrats que la grandeur de Rome en décadence ne revêt plus que d'un prestige équivoque, beaux-frères ou gendres de ces prétendus rois, et qui traitent Paul comme ils ont traité Jésus-Christ.

Au sein même de la persécution violente, voici les hérésies qui commencent ; voici les Gnostiques, les Nicolaïtes, les Simoniaques, toute la suite de ces insanités que notre temps appelle les justes et glorieuses revendications de la raison humaine. Ah ! Messieurs, vraiment nous nous contentons de bien peu ! Dès que quelqu'un déraisonne, à notre avis, il s'émancipe ! Plus il est absurde, plus il est libre; et quand il arrive à la pleine folie, nous déclarons qu'il s'est dressé un piédestal plus haut que les Pyramides ou la tour Eiffel. A vrai dire, il en était ainsi dès le commencement : les Nicolaïtes avec leur immonde morale, les Manichéens avec leur stupide conception des deux principes, avaient déjà la même fortune que nous leur voyons aujourd'hui. Car, Messieurs, après dix-huit siècles, nous les avons ressuscités, et, à l'heure présente, dans Paris, il y a des Gnostiques et des Nicolaïtes qui se font accepter pour les plus raffinés, les plus délicats, les plus puissants des penseurs. Grâce aux cours savants, aux revues, aux journaux et même aux théâtres, ils réussissent, au moins dans une certaine mesure, à représenter ce qu'on appelle le mouvement progressif de l'esprit humain!

Entre ces deux périls, des persécutions et des hérésies, il y avait déjà ces gens qu'on retrouve à toutes les époques, pour lesquels la sagesse n'est jamais assez sage, la vertu jamais assez parfaite. Ils forçaient Paul à circoncire son disciple Timothée, et prétendaient accoler Moïse à Jésus-Christ, l'Ancien Testament au Nouveau. Pour eux, la perfection était évidemment non pas dans la révélation du Maître ou l'enseignement des apôtres, mais dans leurs idées à eux. Les connaissez-vous, ces gens-là? Oui, n'est-ce pas : ils sont de tous les temps et par conséquent du nôtre. Ils voient ce que l'Église ne voit pas, ou autrement qu'elle ne le voit, avec une intelligence évidemment supérieure à la sienne. L'Église fait avec eux ce qu'elle a fait au premier siècle : elle passe!...

Les persécuteurs disaient : « Nous vous défendons d'enseigner au nom de cet homme! » — « Nous ne pouvons pas! » — « Vous subirez le fouet et la prison! » — « Nous ne pouvons pas! » — « Nous prendrons votre tête! » — « Nous ne pouvons pas! » Les hérétiques disaient : « Mais le progrès vous emporte! Pourquoi vous attardez-vous? » — « Nous ne pouvons pas! » Le faux zèle disait : « Vous scandalisez! Vous ne voyez donc pas tout ce qu'il y a de désirs et de mouvements vers une plus haute perfection? — « Nous ne pouvons pas! » — « Quand même, disait l'Apôtre, il viendrait du ciel un ange pour vous enseigner un autre évangile, et quand l'un de nous même vous proposerait d'autres traditions que celles qui sont en l'Écriture et dans nos épîtres, ne le croyez pas et qu'il soit anathème! » Ainsi débute l'Église, et, dans tous les siècles, c'est toujours ainsi qu'elle a répondu.

Après une première période, voici les trois siècles des grandes persécutions, de Néron à Dioclétien. Vous me pardonnerez de ne point m'arrêter à l'énumération, si saisissante qu'elle pût être, de ces monstres couronnés. Ils ne sont pas toujours, comme vous le supposez peut-être, des hommes sans raison et sans valeur ; car, si Néron pouvait dire, en parlant de lui-même : « Qualis artifex pereo ! Quel artiste le monde va-t-il perdre ! » Marc-Aurèle pouvait dire : « Quel merveilleux philosophe le monde va-t-il voir disparaître ! » Néron et Marc-Aurèle se ressemblent dans leur répulsion pour l'Église de Jésus-Christ. Néron persécutait brutalement, dans toute l'impudeur de son rôle ; Marc-Aurèle, en philosophe, y mettait les atténuations qui conviennent aux raffinements de l'esprit. L'un persécutait au nom de son caprice : l'autre, au nom de la philosophie ; l'un directement, l'autre par ses procurateurs et par ses préfets. Voilà toute la différence ; du reste, sous le féroce Néron et sous le délicieux Marc-Aurèle, il y a également des martyrs. Il n'a jamais fait bon, pas plus devant les brutes que devant les gens d'esprit, affirmer trop nettement la vérité. L'Église affirmait la vérité sans atténuation ni ménagement, et Marc-Aurèle, comme Néron, disait : « Vous ne pourriez donc pas changer cela ?» — Néron disait : « Ma statue d'or est là près du Cirque, adorez ma statue d'or. » — « *Non possumus* : nous ne pouvons pas ! » Marc-Aurèle disait : « Non, pas de statue d'or ; je sais ce que valent les statues et je suis trop sceptique pour y croire, fussent-elles d'or ; mais la raison, la philosophie, la science, la sagesse, la vertu — comme nous les comprenons — vous ne pourriez pas y accommoder votre Évangile ? » — « *Non possumus !* » Alors on payait de sa tête, sous Marc-Aurèle comme sous Néron.

Il y avait aussi les hérésies, au premier rang desquelles laissez-moi mettre la philosophie rationaliste. Le rationalisme n'est pas fils du XVIIIe siècle et de Voltaire, Messieurs, quoi que vous en pensiez. L'école d'Alexandrie avec Celse ou Porphyre se fût moquée de Voltaire. Elle parlait un grec bien autrement élégant que le français du grand menteur ; elle fluctuait avec une désinvolture d'esprit que le XVIIIe siècle n'a jamais connue. Le beau temps des habiletés dans le sophisme et le mensonge fut celui où l'Église dut compter avec la philosophie grecque. Le *Quidquid delirat Græcia mendax* de Juvénal ne s'est jamais mieux appliqué. Il y avait là toutes les finesses du génie national avec tous les entêtements de la tradition et toutes les audaces de l'esprit nouveau. L'Église passa, huée par les philosophes, sous les coups de pierre de la foule et les coups d'épée des Césars. — « *Non possumus*, nous ne pouvons pas ! »

Avait-elle au moins la consolation de n'avoir pas de déchirements intimes? Détrompez-vous : le faux zèle et l'inintelligence sont de tous les temps, et les pontifes, qui changeaient trop souvent leur chaire pontificale pour la prison ou l'échafaud, avaient surtout pour besogne d'apaiser les impatiences et de dompter les résistances des faux zèles. Au milieu de ce sang et de ces ruines il leur fallait imposer silence à ceux qui ne voulaient pas d'absolution pour les tombés, même repentants. Je ne cite que ce fait, pour montrer quel était leur esprit. « *Non possumus :* nous ne pouvons pas ! » Et l'Église, immuable, passait sa route.

Après trois siècles vint la paix! Elle ne fut pas de longue durée; car il n'y a pas loin de Constantin le Grand à Julien l'Apostat, ou, si vous ne tenez pas à le compter, à ceux qu'on appelle les Césars byzantins. Je disais tout à l'heure, des Hérodes, qu'ils étaient les plus vils des tyrans. J'oubliais ceux-ci. Tout ce que l'esprit en délire a produit de violent et de nauséabond est représenté par ce mot : le César byzantin. Alors se produisent toutes ces hérésies : l'Arianisme, le Nestorianisme, l'Eutychianisme, préparent la renaissance du Manichéisme : autant de prétextes à des persécutions sanglantes. Les empereurs qui disent régner au nom de Jésus-Christ poursuivent sans relâche ceux qui affirment la divinité de Jésus-Christ, et un jour vient où, sous l'empire de la violence et de la fraude, le monde, suivant la parole de saint Jérôme, se réveille étonné d'être arien. L'Église semble n'être plus qu'une poignée d'hommes : les uns en prison ou en exil, les autres en route pour l'échafaud. Qui n'eût été déconcerté, sinon découragé? Et pourtant, Messieurs, où est l'Arianisme? Que pensez-vous de Nestorius et d'Eutychès? Quel souci avez-vous du Manichéisme, si ridicule que soit sa résurrection en vos jours? Qu'est-ce que tout cela?... L'Église a passé ; elle n'a pas cédé, quoiqu'elle eût à combattre à l'intérieur aussi bien qu'à l'extérieur : faux moines, qui déshonorent la vie monastique; vierges folles, qui font douter de la virginité; prêtres imprudents, qui troublent les âmes sous prétexte de zèle; chrétiens trop prudents, qui prêchent les accommodements avec le monde. A tous, elle répond avec la même énergique douceur : « *Non possumus*, nous ne pouvons pas ! »

Les Césars byzantins tombés dans l'oubli, elle se trouve en face des Barbares. Il n'y avait, sans doute, rien de plus effrayant que cette rencontre ! Erreur, Messieurs, erreur ! Les Barbares, comme tous les enfants, pouvaient avoir grand désir du mal ; mais ils n'en avaient pas la même science que les Césars. Ceux-ci, frottés de christianisme et de civilisation, n'en étaient pas moins les héritiers de cette haute science d'oppression qui venait de si loin. Les Barbares étaient comme le bœuf qui piétine et qui frappe sans savoir ce qu'il fait, et qu'on arrive bientôt à mettre sous le joug. Ils arrivaient avec les grossiers préjugés de leur paganisme séculaire, surtout avec l'orgueil du triomphe qui leur faisait voir dans les moines et les prêtres des êtres destinés à souffrir, s'ils continuaient de vivre.

Ils avaient aussi des docteurs à leur service ; toutes les époques connaissent ces complaisances de la raison humaine pour les brutalités triomphantes, et la période des Barbares pullule de sophistes. Ce sont des penseurs, des écrivains ou des orateurs de second ordre, je vous le passe ; mais ils ont moyen d'agir, et ils agissent, en réalité, sur l'esprit public, et naturellement, contre l'Église. « *Non possumus*, nous ne pouvons pas ! » — Les sophistes ont échoué et les Barbares ont reçu le baptême !

Voici le Moyen-Age, une des plus belles époques de l'histoire : époque d'initiative personnelle, où l'homme vaut par soi-même, où se fondent les grandes associations religieuses, politiques et sociales. Je le reconnais, Messieurs, ce n'est pas là ce que l'on vous enseigne d'ordinaire ; mais laissez-moi vous dire la vérité. Voyons, vous êtes ici très nombreux, fiers à juste titre de votre intelligence, votre âge, votre expérience, votre fortune ou votre science. Vous sentez-vous bien maîtres d'une initiative personnelle ? Essayez ! Essayez, en sortant d'ici, avec une idée quelconque dans la tête, de monter sur une borne au coin du parvis Notre-Dame et de la prêcher à qui trouvera bon de l'entendre... Il y a, juste en face, une caserne où vous êtes sûrs de trouver asile !

Essayez de sortir de l'immense réglementation qui saisit notre vie, de son origine à sa fin, depuis la pensée initiale jusqu'au geste complet ! Essayez, Messieurs !… En dépit de vos théories de liberté, vous n'êtes rien ; vous ne pouvez rien, avec tout votre génie et toute votre éloquence. Soyez Bossuet ou Lacordaire ; soyez Leibnitz ou Newton ; soyez Pascal ou Thomas d'Aquin ; mais n'essayez pas de sortir, sans permission officielle, de la servitude générale. Sinon, prenez garde au sergent de ville : vous coucherez au poste !

Telle est la vérité. Eh bien, Messieurs, ce Moyen-Age, dont vous aimez à rire, est l'âge de l'initiative personnelle ; l'âge de saint Bernard, qui entraîne les foules, comme Pierre l'Ermite ouvre l'ère des Croisades ; l'âge d'Abailard ou d'Albert le Grand, qui ameutent les étudiants sur la place Maubert ou sur la Montagne Sainte-Geneviève ; c'est l'âge des hommes qui ont quelque chose à dire et le disent, qui ont des princes pour disciples et pour serviteurs, les siècles pour échos, le monde pour champ d'action, et qui sont les véritables fondateurs de la civilisation moderne, si étrangement compromise par notre promptitude à porter tous les jougs.

Cette puissance d'activité à laquelle préside l'Église va sans doute susciter une réaction ? Vous ne vous trompez pas.

Voici venir Philippe IV, que cela gêne d'être le petit-fils de saint Louis. Voici les Othon, les Frédéric d'Allemagne, que cela gêne d'avoir été les pupilles de l'Église. Voici, au service de leurs violences, tous les habiles, tous les diserts, suivant la libre pensée, Pierre des Vignes et les autres, qui mettent la théologie, le droit, les lettres à la dévotion des plus généreux acheteurs.

Et, pour que rien ne manque au tableau, voici, avec les antipapes et les évêques intrus, les Fraticelles, les Pauvres de Lyon et les autres « zelanti » de même esprit qui parlent aussi de réformer l'Église, avec elle ou sans elle, mais surtout sans elle, au gré de leurs fantaisies. Et quelle sève, Messieurs, quelle ardeur, quelle obstination ! Le Moyen-Age est à l'époque païenne ce qu'une forêt vierge est à un désert ; et notre civilisation à nous est tout simplement un joli jardin à la française ou à l'anglaise, suivant les dessinateurs.

La forêt vierge avait, comme la steppe, ou le désert, des monstres, lions ou tigres, qui bondissaient et dévoraient ; dans nos bosquets il n'y a plus que des couleuvres, ou, si vous y tenez, des vipères cachées dans les buissons et dans les herbes, avec quelques putois qui se dénoncent parfois insolemment sans qu'on ait le courage de les écraser.

Au Moyen-Age, tout est en équilibre ou en proportion. Les affirmations de la vérité sont parfois excessives; je vous le passe, n'étant pas ici pour faire des apologies à outrance. Les exagérations sont inévitables dans tout ce qui est jeune, puissant, confiant en soi, — et aussi les réactions formidables. Les hommes des deux partis sont trempés de la même manière: ils ne sont pas d'argile comme nous! Ai-je bien dit? non : la terre cuite résiste, et nous ne résistons guère! Eux sont de bronze ou de pierre, et leurs chocs ont quelque chose de formidable. Mais aussi, voyez l'Église traversant cette lutte, et jugez de la grandeur du *Non possumus*, jeté à la face de Philippe IV ou de Frédéric II, des Albigeois ou des Tartares, des simoniaques ou des apostats. Le XVI⁰ siècle, avec ses fureurs, n'a été que la caricature du Moyen-Age : car, Messieurs, après les grands fracas de l'histoire, il en est comme des grands orages qui troublent le ciel. Les coups de tonnerre vont s'amoindrissant. Au premier éclat succède un roulement qui s'amoindrit peu à peu et s'éteint dans un murmure que l'oreille a peine à saisir, pendant que les nuées éclaircies achèvent de se perdre par-delà l'horizon.

Arrivons cependant au xvi⁰ siècle. Voici Wiclef, Jean Huss, Luther, Calvin, Knox, Cranmer, et, derrière eux, comme toujours, les puissants!... Ah! non, je me trompe, les philosophes de toute nuance ne se mettent jamais en avant! Ce sont des gens prudents, et qui marchent volontiers par derrière. Quand il se trouve un Frédéric ou une Catherine pour ouvrir la route, Voltaire emboîte le pas sans hésiter; mais, si le Régent ou Louis XV ne sont pas prêts à partir, Voltaire baise les pieds de la favorite du jour, en attendant l'heure favorable. C'est l'histoire de toutes les philosophies du monde! Elles rendent essentiellement prudent et, dès qu'on les écoute, il faut craindre pour la bravoure. Démosthènes s'était fait quelque peu philosophe, le jour où il jeta son bouclier. La philosophie et le bouclier n'ont rien de commun, en thèse générale, attendu que l'esprit humain a besoin d'être libre pour s'élever vers les hauteurs : les boucliers pèsent, on les jette, et l'esprit humain s'envole au delà des nuages. Aussi les hérésiarques ne passèrent-ils jamais d'abord.

Luther parla librement, lorsqu'il fut bien sûr d'avoir pour protecteurs le landgrave de Hesse et l'électeur de Saxe : alors, il fut très brave. Il n'avait plus à craindre les légats du pape ou ces terribles inquisiteurs, qui avaient du bon, entre nous, parce qu'ils empêchaient beaucoup de sottises et d'immoralités. C'était une affaire terminée; aussi de quelle âme il condamnait le Souverain Pontife et brûlait ses bulles en place publique! C'était l'heure où les nations européennes avaient à leur tête ces monstres couronnés qui s'appellent Henri VIII d'Angleterre, Christian de Danemark, Gustave de Suède, Philippe de Hesse et — chez nous — ces pauvres princes écrasés par le grand nom de France, comme les petits enfants par les grandes armures de leurs aïeux, Charles IX et Henri III. Ceux qui ne persécutaient pas laissaient persécuter; et si, d'aventure, il se produisait une de ces réactions sanglantes qui s'appellent la Saint-Barthélemy, c'est parce que le peuple de France avait enfin éprouvé le besoin de se débarrasser de cette canaille insolente — permettez-moi le mot — qui abusait de sa patience jusqu'à la trahison et jusqu'au massacre.

Derrière ceux qui persécutaient ou laissaient persécuter, il y avait les hommes que j'ai nommés — héros de l'esprit humain, émancipateurs de la raison humaine : — Luther, moine apostat et marié; Calvin, le débauché sans patrie, aidé de ce Coligny, le renégat anglophile, à qui font cortège, sous les arcades de la rue de Rivoli, la Religion et le Patriotisme! Il y avait les puritains, qui permettaient à Philippe de Hesse de prendre plusieurs femmes; les patriotes, qui permettaient à Gustave Wasa d'étrangler les libertés de la Suède; les théologiens, qui proclamaient l'infaillibilité d'Édouard VI ou d'Élisabeth. En même temps, il y avait, dans l'Église même, ceux qui préparaient déjà le jansénisme et mettaient le comble au danger que courait la vraie foi. Quelle était alors la réponse de l'Église? La même. A Henri VIII, Paul III répondait doucement : « Non possumus! » Aux protestants français, nos évêques répondaient énergiquement : « Non possumus! » Ne vous étonnez pas que l'accent soit différent. Le pape était presque désarmé à cette époque; mais la France catholique avait encore une épée à la main et la Ligue apprit aux protestants qu'il n'était pas permis d'abuser de la patience d'un peuple libre. Nous avons cessé d'être libres, Messieurs, et c'est pourquoi on abuse de notre patience.

Puis vint le xviiie siècle. Alors nous trouvons sur tous les trônes des princes disposés à persécuter, parce qu'ils sont des voluptueux. Montesquieu le leur disait en face, mais ils ne le comprenaient pas : « Les mœurs molles sont voisines des mœurs féroces », et ils furent féroces, puisqu'ils étaient mous. En ce bon vieux temps que beaucoup regrettent, dit-on, la conscience du chrétien et du patriote eut à souffrir, au delà de tout ce qui se peut dire, même en rappelant les souvenirs que nous venons d'évoquer. La France, pour ne parler que d'elle, vit sur le trône ce Louis XV dont j'ose à peine prononcer le nom en cette enceinte, encore qu'il ait demandé et obtenu sans doute miséricorde, à son lit de mort. Cette époque vit les évêques humiliés et les catholiques bafoués comme ils ne le furent jamais ; elle vit la patrie sous les pieds d'une courtisane, et la folle préparation de tant d'années sanglantes par ces raffinements d'impiété et de dissolution, sous les yeux d'un roi qui se consolait en disant : « Tout cela durera bien autant que moi ! » Bientôt les philosophes, qui flagornaient les maîtresses royales, allaient adorer une prostituée sur l'autel de Notre-Dame et justifier la parole de Montesquieu. Les mêmes hommes qui avaient eu ces mœurs molles eurent les mœurs atroces que vous savez. Des petits vers de Robespierre à l'arrêt de mort de Louis XVI, vous croyez qu'il y a un abîme?... vous vous trompez. Ces petits vers engendrent des sentences de mort, et le bruit du couperet n'est autre chose que la ritournelle des chansons à Chloris.

Pendant que tout s'en allait ainsi, que les rois laissaient insulter l'Église et que les philosophes chantaient leur triomphe, l'homme à qui vous avez dressé une statue devant Saint-Germaindes Prés — l'ombre de Mabillon doit en tressaillir — Diderot, apprenait le catéchisme à sa fille, mais souhaitait, « du boyau du dernier des prêtres, étrangler le dernier des rois »... après avoir, bien entendu, fait sa cour à la maîtresse royale. Vertueuse indignation sans doute ! Ce n'était pas la courtisane qu'il fallait étrangler, elle dispensait les faveurs ; mais bien le prêtre qui demandait pardon pour la courtisane et respect pour la royauté, sinon pour le roi. Le prêtre était une gêne et un obstacle aux appétits et aux ambitions. Après le roi, qu'importe? il y aurait un autre pouvoir que l'on pourrait flatter et qui donnerait encore titres et pensions, dût-on s'appuyer sur la faveur d'une autre courtisane.

Mais, au-dessus de cette fange soulevée en tempête, voyez planer la grande figure de l'Église qui jette à tous ces gens l'éternelle réponse : « Non possumus, nous ne pouvons pas ! » C'est l'exil, si vous ne voulez pas du serment constitutionnel ! C'est l'échafaud, si vous n'y échappez pas par l'exil ! C'est la persécution qui va tout détruire ; les cathédrales par terre, les prêtres dans les catacombes, les chrétiens, s'il en reste, dans le silence de la terreur ! « Non possumus ! » Il y a quelque chose de supérieur, même aux évêques gardiens de la vérité, il y a la vérité même. Prenez les têtes des chrétiens, des prêtres et des évêques, mais vous ne toucherez pas à la vérité ! « Non possumus ! »

Nous arrivons enfin à notre époque à nous-mêmes. Napoléon Ier, après avoir étranglé le monstre, en recueille l'âme, semble-t-il, et le voilà qui jette un pontife dans les fers. Voici l'Église encore une fois persécutée, et, derrière la persécution violente, les mêmes habiletés de parole et de pensée. Voilà encore les sophistes au service de la violence, pendant que la petite Église essaie de faire la leçon à la grande ; voici que nous revenons encore aux premiers jours de l'histoire chrétienne. L'Église est de son temps toujours, et si la parole prêtée à Pie VII n'est pas authentique, elle est tellement en situation que l'on devrait regretter qu'elle n'eût pas été dite. Lorsque la colère de Napoléon brise aux pieds de Pie VII la porcelaine fameuse : « Tragediante ! » et lorsque, radouci en apparence, il essaie de séduire son vénérable captif : « Commediante ! » l'Église ne s'est jamais refusé de stigmatiser d'un mot spirituel ceux qui la persécutent. Permettez-moi de vous le dire, Messieurs, nous ne nous interdisons pas d'avoir de l'esprit : dans l'histoire, il y en a pas mal d'exemples, et le Maître lui-même ne s'est pas refusé le plaisir de répondre par un mot spirituel aux inepties dont il était poursuivi. Mais, que ce soit dans le sourire ou dans la plainte, la même pensée se trouve nettement traduite : « *Non possumus*, nous ne pouvons pas ! »

Si vous voulez que nous parlions de nous-mêmes, je n'aurai pas besoin d'invoquer d'autre témoignage que le vôtre, et, sans vous obliger à une liberté de parole qui ne se rencontre guère en notre temps, je vous prie de vous répondre à vous-même : Nous manque-t-il une forme de persécution, violente ou perfide ? Non, Messieurs. Il ne nous manque rien. L'Église est toujours riche de cette gloire que le Père Lacordaire a célébrée en son magnifique langage. L'Église, lorsqu'on lui demande des concessions qu'elle ne peut faire, se tient au milieu de la place publique dévastée par la perfidie et la violence, dans une attitude majestueuse ; elle orne son cou des ossements des vierges et des enfants martyrs ; elle ceint ses reins des chaînes de ses fidèles prisonniers ; elle s'appuie, comme sur un sceptre, sur l'épée ou le bâton qui brise les têtes ou perce les cœurs, et laisse passer le flot qui baigne ses pieds et les purifie de la poussière que le chemin des siècles y a laissée.

Au désert, deux lions affamés se disputent et se déchirent, pendant que la brebis convoitée paît tranquillement l'herbe que Dieu lui a préparée. Ainsi la violence et la ruse se déchirent, pendant que l'Église continue, tranquille, à répandre sur le monde la lumière de la vérité, à les échauffer de la flamme vivante de son cœur. On voit crouler les trônes élevés contre elle, et ses autels, toujours debout, continuent de porter la croix qui, pendant que le monde s'agite, reste immobile, ou mieux, marche dans la voie du progrès, pendant que le monde se tourmente dans une agitation stérile.

Ainsi, l'histoire en rend témoignage, il n'y a jamais eu de variation dans l'enseignement de l'Église et, par conséquent, nous pouvons nous promettre qu'il n'y en aura jamais.

*
* *

Il me reste à résoudre, Messieurs, une objection que vous avez peut-être dans l'esprit, car elle se répète fréquemment parmi nous. Les nouveaux dogmes ne sont-ils pas une preuve de variation ? N'y a-t-il pas au moins une apparente addition à la doctrine par ces définitions ? »

Deux mots seulement, Messieurs, et ce sera fini : car l'objection ne mérite pas davantage. Elle tient à une confusion absolument enfantine, permettez-moi le mot, entre la promulgation d'une vérité préexistante, et la création de cette vérité elle-même. Qu'est-ce que c'est que définir un dogme ? Qu'est-ce que c'est qu'un dogme et qu'entend-on par sa définition ? Dans notre croyance, nous distinguons trois éléments : les articles de foi, qui sont contenus dans le symbole ; les dogmes définis, qui sont les conclusions nécessaires de ces articles de foi précisées par l'enseignement solennel de l'Église, et enfin, les propositions de foi, qui sont les conclusions nécessaires des articles de foi, mais que l'Église n'a pas encore précisées dans une formule solennellement définie.

Les articles de foi, personne n'y a jamais touché. Les conclusions, qui en découlent, il fallait bien les préciser, et comme nous l'avons dit ailleurs, la société gardienne de la vérité avait seule caractère pour cette définition. Nous concluons donc que l'Église a pouvoir de préciser ces conclusions. Qu'elle l'ait fait, au début, d'une façon plus large, cela se conçoit, puisque c'était nécessaire. Qu'elle ne l'ait fait que rarement depuis, cela est encore facile à comprendre, puisqu'il n'y avait plus la même nécessité. Cependant, à moins que l'immutabilité ne devienne synonyme d'immobilité et, par conséquent, d'infécondité et de mort, il faut bien admettre qu'il y a, dans le cours des siècles, des circonstances en raison desquelles une conclusion nouvelle a besoin d'être nettement et solennellement promulguée : c'est ce qu'on appelle la définition des nouveaux dogmes. En notre temps, l'Église a précisé deux de ces conclusions, relativement à l'Immaculée Conception et à l'infaillibilité pontificale. Croiriez-vous par hasard, Messieurs, qu'elle ait inventé l'Immaculée Conception ? Si vous saviez votre histoire locale, vous sauriez que, dès l'origine de l'Université parisienne, on déférait aux nouveaux docteurs le serment de soutenir l'Immaculée Conception. Ce n'est donc pas une croyance nouvelle : si pareil serment était demandé, c'est que la doctrine préexistait.

L'Église ne procède jamais par à-coups. Elle a même, sous ce rapport, des délicatesses infinies. Elle fait précéder ses définitions d'une étude qui embrasse le monde entier. Elle appelle tous ses évêques à rendre témoignage de la croyance de leur peuple. Ils sont les témoins de l'humanité, pour leur temps et pour les siècles antérieurs ; et lorsqu'ils ont répondu en concordance avec l'humanité, l'Église, par la bouche de son chef, ou dans ces grandes assises qu'on appelle les conciles généraux, donne à la vérité une formule solennelle, qui ne crée pas la vérité — c'est évident, — mais qui la met hors de toute discussion, la précise et lui donne toute sa force d'action et toute sa fécondité. Voilà ce que c'est que la définition d'un nouveau dogme.

De même, pour l'infaillibilité pontificale, vous êtes-vous persuadés qu'il la fallût juger nouvelle dans les enseignements catholiques ! Rappelez-vous alors la parole contemporaine de saint

Léon le Grand. : « Rome a parlé par son pontife, la cause est définie. » L'Église n'invente rien, elle précise purement et simplement
des croyances qui, jadis, n'avaient pas encore le caractère d'un
enseignement officiel et, par conséquent, n'engageaient pas directement la conscience. Pour le faire, elle s'inspire des besoins des
temps. En ce siècle de naturalisme, par exemple, elle définit
l'Immaculée Conception : en ce siècle de révolte contre son autorité
et d'impossibilité, peut-être à jamais, des conciles généraux, elle
pourvoit aux besoins de l'avenir par la définition de l'infaillibilité
de son chef. Elle éclaire ainsi la question des origines de l'humanité et de la chute primordiale, et remet en pleine lumière l'autorité suprême et irréfragable de la société fondée par Jésus-Christ.
Vous le voyez donc, Messieurs, l'objection ne tient pas debout. Il
suffisait d'un mot, comme je vous le disais, pour la mettre à néant.

Dès lors, il nous reste à conclure : l'Église n'a pas changé. Seule
entre toutes les sociétés doctrinales elle n'a pas subi l'outrage du
temps. N'allons donc pas, Messieurs, nous laisser tromper aux vains
triomphes du mensonge, et, reconnaissant, dans l'humiliation pas-
sagère où la tiennent nos erreurs, la divine Épouse du Christ,
disons-lui ce que le Prophète disait à Dieu lui-même : « Ils péri-
ront ; mais toi, tu demeures. Ils vieilliront comme un vêtement que
l'on change : toi, tu es toujours de même, et tes années n'auront
pas de déclin. Les fils de tes serviteurs ont leur asile en toi, et leur
descendance te devra sa direction. »

———————◆———————

AVIS IMPORTANT

Les Conférences paraîtront en volume très prochainement, soigneusement revues et enrichies de notes nombreuses.

On peut souscrire dès maintenant aux bureaux de la « Revue
Thomiste », 222, faubourg Saint-Honoré, Paris.

Prix de catalogue .... 5 »
Prix de souscription (*franco*, en s'adressant directement à nous). 4 25

PARIS. — F. LEVÉ, IMPRIMEUR DE L'ARCHEVÊCHÉ, RUE CASSETTE, 17.

CONFÉRENCES DE NOTRE-DAME

CARÊME 1897

Cinquième Conférence. — 4 avril 1897.

Infaillibilité de l'Église enseignante.

Monseigneur,
Messieurs,

La doctrine révélée se reconnaît à des caractères qui se retrouvent seulement dans l'enseignement de l'Église catholique : elle est mystérieuse, parce qu'elle parle de Dieu ; elle est rationnelle, parce qu'elle est le rapport établi entre la raison divine et la raison humaine ; elle est sanctifiante, parce qu'elle procède du bien et vient à l'âme pour y produire le bien ; elle est universelle et s'adresse à tous les hommes de tous les temps, parce qu'elle procède de l'auteur de la raison humaine, la même en tous les hommes, et de la vérité, qui est l'aliment de toutes les raisons. L'enseignement de l'Église a donc, à l'heure au moins de ses origines, les caractères qui conviennent à la vérité révélée, et il n'a pas été possible, à ce moment, de lui refuser la foi due à la parole divine. Mais, à travers les dix-neuf siècles bientôt finis de son histoire, n'a-t-elle pas subi la loi commune à tous les enseignements, dès qu'ils sont parlés par des lèvres humaines ? N'a-t-elle pas subi de variation, de sorte que, dans la doctrine proposée à notre foi, à l'heure présente, nous ne puissions reconnaître exactement celle qui était proposée à la foi des disciples immédiats de Jésus-Christ ? S'il y a eu variation, nous ne sommes pas tenus à la croyance. Dès lors, l'Église doit justifier d'une immutabilité parfaite, au triple point de vue de la doctrine, des sacrements et de la hiérarchie. Elle a dû, à travers les siècles, lutter contre le triple péril qui menace toute autorité doctrinale : la persécution violente, — l'inintelligence et le faux zèle, — et les scissions hérétiques ou schismatiques.

Or que nous dit l'histoire de l'Église ? A-t-elle rencontré ce triple péril ? Oui. — Y a-t-elle succombé ? Non. — En a-t-elle eu

(Sténographié par Gustave Duployé, 36, rue de Rivoli.)

si bien raison, qu'elle soit sortie parfaitement pure et immaculée de la lutte? Oui. Je vous ai peut-être fatigués, Messieurs, par cette énumération qui convient plutôt aux écoles qu'à la chaire, et dans laquelle je rappelais, en chaque génération, les violences matérielles, les agitations intimes et les séparations radicales dont l'Église a souffert. Mais, quelle qu'ait été votre appréciation, vous avez dû conclure de la même manière; l'Église a dit à quiconque lui demandait de varier : « Je ne puis pas : *Non possumus.* » Elle a sacrifié le sang de ses martyrs; elle a supporté l'insolence de ceux pour qui la sagesse n'est jamais parfaite et la vertu jamais complète, si la sagesse et la vertu ne s'inspirent pas d'eux ; elle a laissé le schisme et l'hérésie lui prendre une part considérable de l'humanité, — répondant, comme je vous le disais : « Il y a quelque chose de préférable à la faveur des princes, à la paix intime, à l'étendue de la domination : c'est la vérité. Par conséquent, vous pouvez abattre des têtes, troubler stérilement la paix intérieure, et scinder le royaume de Jésus-Christ : moi, je ne puis trahir la vérité : *Non possumus !* »

Ce n'est pas tout, Messieurs, et, si éclatante que soit cette démonstration de la mission divine de l'Église, il faut que nous y ajoutions un dernier trait. Le témoignage du passé devrait nous satisfaire et garantir l'avenir ; mais l'esprit humain est essentiellement inquiet, et fait renaître l'objection de la solution donnée à l'objection. L'immutabilité ne nous rassure point, si l'infaillibilité n'est pas démontrée. « Il n'est pas possible de rester immuable sans être infaillible, » pourrions-nous répondre. « Soit pour le passé, nous dira-t-on ; mais pour l'avenir quelle garantie donnez-vous ? » Je réponds tout simplement : « La même ! » Et c'est là précisément ce que nous avons à montrer aujourd'hui. Messieurs, je ne sollicite pas votre attention. Il est clair qu'elle est éveillée par le mot que je viens de prononcer. L'infaillibilité de l'Église est un de ces sujets qui ne sauraient vous laisser indifférents.

La doctrine de l'infaillibilité de l'Église a le don de prendre — permettez-moi l'expression — sur les nerfs des gens qui ont la prétention de penser. Il n'y a pourtant rien de plus facile à comprendre. Nous avons établi, Messieurs, par le témoignage de l'humanité, que

Dieu a parlé aux hommes, et, par la critique, que sa parole est renfermée dans l'enseignement de l'Église catholique. Si vous l'acceptez, il vous est impossible d'éluder l'infaillibilité de l'Église. En effet, quel est le dernier et suprême caractère de la doctrine révélée ? C'est son universalité, au point de vue de l'étendue et de la durée.

Dieu n'a point fait la raison pour quelques hommes et la vérité pour quelques raisons ; il a donné la raison à tous les hommes et il a fait toutes les raisons pour la vérité. Il y a des nuances ou des mesures dans la possession de la vérité, mais non pas dans la sécurité et la paix qui doivent résulter, pour la raison, de la possession de la vérité. Dès lors, le caractère de la révélation est fatalement l'universalité, garantie, disions-nous, par l'existence d'une société dépositaire de la révélation et, dans cette société, d'une autorité fixant la doctrine, dirimant les controverses, assurant l'apostolat. Jusque-là, personne de vous n'a d'objection sérieuse à faire ; alors comment concevez-vous que l'autorité assure l'unité autrement que par l'infaillibilité ? Il est clair que l'unité est compromise ou plutôt ruinée par l'agitation, que produit l'absence de certitude. Mais comment voulez-vous qu'il y ait certitude sans décisions infaillibles ? Si je n'ai pas la certitude, je retombe fatalement dans la discussion ; si la discussion m'est permise, il n'y a plus d'unité ; s'il n'y a plus d'unité, la société n'existe plus, et sa négation entraîne celle de la révélation. Il n'y a plus de raison d'être à la révélation : le dessein divin est, par conséquent, en défaut, et nous arrivons à cette conclusion blasphématoire que la sagesse éternelle ne savait pas ce qu'elle faisait en essayant de se manifester aux hommes.

Vous le voyez, Messieurs, la thèse n'est pas bien compliquée. Certaines gens entendent ne relever que du raisonnement : voulez-vous me montrer le défaut de celui-ci : « L'Église est une société qui a pour mission de garder et de répandre la vérité révélée. Elle le fait, grâce à l'autorité qui est en elle et au corps enseignant qui représente l'action de cette autorité. Si les décisions de ce corps enseignant ne sont pas infaillibles, elles ne produisent pas la certitude ; si elles ne produisent pas la certitude, elles ne sauvegardent pas l'unité, donc il n'y a pas de révélation possible sans l'infaillibilité du corps chargé de la garder et de la prêcher. » Dès lors, voici la conclusion : par le seul fait que Dieu a daigné se révéler aux hommes, il a créé un corps enseignant, dont les arrêts participent à la sûreté de sa propre raison et, dès lors, sont infaillibles.

N'est-ce pas ainsi que l'a compris et enseigné celui-là même qui a formulé la doctrine de la révélation ? Pouvons-nous dire que ce sont des idées à nous, et non pas les idées du Christ lui-même ? Que trouvez-vous dans l'Évangile ? Unique et suprême règle de foi pour tous, nous dit-on. Jésus-Christ a réuni des adhérents; il a fait, parmi eux, une première sélection qui crée les disciples ; puis, parmi les disciples, il a fait un dernier choix qui donne naissance à l'apostolat proprement dit. De ceux-ci saint Paul devait dire, peu de temps après : « Il a fait de vous les évêques destinés à régir son Église. » Eh bien ! que dit-il à ces évêques destinés à régir son Église ? « Allez et enseignez toutes les nations : *Ite et docete omnes gentes*. Comme mon Père m'a envoyé, je vous envoie : *Sicut misit me Pater et ego mitto vos*. Baptisez-les au nom du Père, du Fils et du Saint-Esprit, c'est-à-dire de Dieu principe unique de la révélation. Ceux qui croiront à votre parole auront la vie éternelle, et ceux qui n'y croiront pas sont déjà condamnés. Celui qui vous écoute m'écoute : *Qui vos audit me audit*. Celui qui vous méprise me méprise : *Qui vos spernit me spernit*. Lorsqu'un de vos frères aura faibli dans la croyance ou la pratique, avertissez-le d'abord, avec la charité qui doit être au cœur des frères et des pères. S'il vous écoute, vous aurez gagné son âme ; s'il ne vous écoute pas, *dic Ecclesiæ*, dites-le à l'Église : et, s'il n'écoute pas l'Église, qu'il soit pour vous comme un païen et un publicain : *Sit tibi ethnicus et publicanus*. Il est séparé de la société des âmes qui vivent de la vérité; il est séparé, par conséquent, de la vérité, et dès lors de la vie éternelle engendrée par la croyance à la vérité : *Sit tibi ethnicus et publicanus*. Et n'ayez pas peur que votre ministère se trouve jamais en défaut ; car je suis avec vous jusqu'à la consommation des siècles : *Ecce ego vobiscum sum usque ad consummationem sæculi*. »

Est-ce clair, Messieurs? A-t-il bien mis sa personne, sa mission, son autorité dans l'Église enseignante? Et pouvait-il faire autrement? Réfléchissez! Le fondateur d'une société s'en appelle la tête; mais il en est aussi membre, le premier des membres, un des éléments de la société, qu'il incarne ou résume, à votre gré. Comme fondateur ou inspirateur, il en est l'âme, et, tant qu'il ne s'en retire pas, elle reste vivante de sa pensée; l'autorité de la société est la sienne, comme la mission de la société est la sienne.

Jésus-Christ peut-il se retirer de l'Église? Non, c'est impossible. Il n'y est plus visiblement; ayant revêtu l'humanité et devant subir, dans la manifestation de sa vie humaine, les lois qui conviennent à notre propre vie, il ne peut éterniser sa présence sensible parmi les hommes. Il cesse donc d'être visible dans l'Église, mais il ne cesse pas d'y être invisiblement, d'en être membre, et par conséquent d'en être le chef. Pour rendre sensible sa présence, à nous qui avons des yeux de chair et voulons à cette société un chef visible à des yeux de chair, il a un vicaire, héritier de sa mission et participant de son autorité. Mais le vrai chef, c'est lui; il est, à proprement parler, l'âme et la vie de l'Église dont il ne s'est pas séparé. Ce qu'il y a fait, il continue de le faire, et, jusqu'à l'heure impossible où il pourra se séparer de l'Église, elle gardera l'autorité infaillible qu'il y a mise par sa présence. Il n'y a pas de veille ou de lendemain pour lui, à qui tous les temps appartiennent : *Christus heri*, dit saint Paul : le Christ était hier; *Christus hodiè :* il est encore aujourd'hui; *Christus et in sæcula :* les siècles n'épuisent ni sa présence ni son action. L'Église n'a donc rien perdu de l'autorité qu'elle tenait de sa présence quand il la fondait. L'infaillibilité qui appartient à Jésus-Christ et qu'il lui communiqua, en y constituant un corps enseignant, y demeure, par cela seul que le Maître ne s'est point séparé de son Église, et ne peut s'en séparer.

Ainsi non seulement au point de vue du raisonnement, mais encore au point de vue des faits, l'infaillibilité appartient à l'Église. Niez l'Église, si cela vous convient. Je ne puis vous obliger à y croire, si vous ne le voulez pas : il n'est pas possible de forcer un esprit faussé à s'incliner devant l'évidence. Mais je vous défie de croire à l'existence de l'Église, sans croire à l'infaillibilité de son enseignement.

Toutefois ce n'est pas assez, Messieurs : continuons notre étude. Avons-nous des paroles du Christ l'interprétation même des premiers chrétiens et des premiers apôtres, de ceux qui ont entendu le Maître, qui étaient ses familiers et devaient être pénétrés de son esprit? Sans nul doute, et leur réponse nous fournit une troisième forme de démonstration.

*
* *

Qu'est-ce donc que les apôtres ont pensé de leur mission? Écoutez! Un jour, l'Église naissante est troublée par l'inintelligence et le faux zèle. Après avoir déjà subi la persécution, et voyant déjà poindre les schismes, dont saint Paul pronostiquait l'arrivée, elle doit se défendre contre les judaïsants qui voulaient en fin de compte soumettre Jésus-Christ à Moïse. Le corps enseignant se réunit, pour la première fois, en ce qu'on appelle justement le *premier concile* de Jérusalem, et voici ce que Pierre, le premier des souverains pontifes, présidant le premier des conciles, écrit aux chrétiens de l'Asie : « Il a paru bon au Saint-Esprit et à nous : *visum est Spiritui sancto et nobis.* » — Ainsi l'Esprit-Saint est leur esprit, — non pas comme hommes, mais comme représentants de l'Église ; l'Esprit divin est l'esprit de l'homme élevé à l'épiscopat ; c'est un même et unique esprit : *visum est Spiritui sancto et nobis.* Et puisque de l'Esprit-Saint procède toute vérité : *docet omnem veritatem,* qu'il est la sagesse éternelle et ne peut pas errer, la conclusion est bien simple : dans leur conviction, à eux qui savent mieux que personne la pensée de Jésus-Christ, l'infaillibilité leur a été conférée par la communication de ce divin Esprit.

Tel est le commencement de la tradition. A partir de ce moment, j'entasserais, si vous y teniez, les témoignages des Pères et des Docteurs, dans la magnificence ou la simplicité de leur langage, et vous y retrouveriez toujours la même conclusion : « l'Église est infaillible. » Chacun des hommes qui constituent le corps enseignant garde la marque de la faiblesse humaine, en sa vie, ses pensées, son enseignement personnels ; mais la mission de garder et de répandre la vérité surnaturelle les fait participants de la mission de Jésus-Christ lui-même, et puisque Jésus-Christ est infaillible, ils le sont également, sans aucune espèce de contestation, dans les actes de leur ministère.

Concluons, Messieurs : du raisonnement pur et simple, — de l'enseignement de Jésus-Christ, — de la tradition ininterrompue, nous avons la garantie que l'Église est infaillible. Voyons en quoi elle l'est.

*
* *

Vous avez d'ordinaire, Messieurs, une idée étrange de l'infailllibilité de l'Église. Vous vous insurgez à tout propos contre le dogmatisme et vous êtes les dogmatisants les plus ardents que l'on puisse rencontrer.

L'enseignement catholique ne renferme qu'un petit nombre de dogmes ; vous tenez à en fabriquer une multitude ; évidemment parce que vous connaissez mal l'Église et ne vous rendez pas un compte exact du ministère qui lui convient. Veuillez vous rappeler ce que nous avons dit dernièrement : l'Église est une société dont l'autorité se manifeste par un corps dirigeant et enseignant, dont la mission est de garder et de répandre dans le monde la vérité révélée. Quand vous prêtez à l'Église la prétention de définir ce qui n'appartient pas à son domaine, je ne puis m'en fâcher : je ne puis trouver mauvais qu'on honore ma mère plus que je ne l'honore, et qu'on soit à ses pieds beaucoup plus que moi-même. Cependant, si vous invoquez le raisonnement pour arriver à cet acte de superstitieux respect, il m'est permis de m'en étonner et même d'en sourire : et vous le faites à chaque instant. Vous voyez des définitions de l'Église où elle n'y songe pas le moins du monde, et son infaillibilité là où elle n'a rien à faire. L'Église est infaillible relativement aux vérités de foi, et nous avons, dans notre dernière conférence, défini nettement ce qui est l'objet de notre foi : les articles du Symbole, les dogmes solennellement promulgués et, — relativement — les propositions de foi, c'est-à-dire les conclusions forcées, directes, mais pas encore définies, des dogmes et articles de foi. S'il ne s'agit pas de la foi, l'infaillibilité de l'Église n'est pas en cause. N'ayant pas encore défini les propositions de foi, elle les abandonne à vos discussions — bien entendu, avec la modestie et la réserve qui conviennent au bon sens et à la véritable science — et ne demande pas que vous constatiez un acte de son infaillibilité, alors que cet acte ne s'est pas encore produit.

Le corps épiscopal représente la conservation et la diffusion de la vérité surnaturelle. Lorsqu'il est uni à son chef, le Souverain Pontife, et, par lui, à son fondateur Jésus-Christ, ses décisions sont quelque chose de merveilleusement respectable ; mais l'Église n'y voit pas le témoignage de son infaillibilité. Elle demande la convocation du corps épiscopal en assemblée suprême, — le Concile général, — présidé par le Souverain Pontife. Ainsi représentée — exactement, pleinement, absolument, — elle édictera ses définitions, où son infaillibilité se reconnaîtra ; mais pas ailleurs.

Le Souverain Pontife — chef de l'Église, synthèse de l'épiscopat, lien direct de la société des âmes et du corps dirigeant .avec leur fondateur, vicaire de Jésus-Christ, Jésus-Christ visible parmi les hommes — élève la voix. Parle-t-il comme chef de l'Église et vicaire de Jésus-Christ ? Il est infaillible. Pour lui-même, -- quelles que soient sa sainteté, sa science, son expérience, son autorité acquise parmi les hommes, — il ne réclame pas l'infaillibilité, que vous attribuez, à tort et à travers, à toute parole qui tombe de sa bouche.

Veuillez donc comprendre, Messieurs, et voir les choses telles qu'elles sont ! A chaque instant, vous réclamez contre l'Église, qui asservit, qui étouffe les intelligences ! Où donc, Messieurs, où ?... — Dans vos formules, je vous le concède ; mais vos formules et celles de l'Église ne sont pas absolument de même valeur ; il est bien permis de douter que vous compreniez l'Église. Vous lui prêtez !... On ne prête qu'aux riches, dit-on : elle vous dispense de l'enrichir. Contentez-vous de lui donner ce qu'elle demande. Elle est infaillible en matière de foi et dans les conclusions qui découlent de la foi ; elle exerce son autorité infaillible par le corps épiscopal, représentant officiellement la société des âmes et son chef Jésus-Christ, ou par le Souverain Pontife parlant *ex cathedrâ*, au nom de l'épiscopat et de l'Église. Ne sortez pas de là, Messieurs, et voyez combien l'Église est plus sage dans sa doctrine que vous ne l'êtes dans vos additions à cette doctrine ! L'Église est infaillible, oui ; la force des choses le veut ainsi. Elle l'est dans son domaine, suivant sa mission, par ses représentants dans l'accomplissement de leur mandat ; ne lui prêtez pas davantage, Messieurs. Nous restons ainsi sur un terrain merveilleusement rationnel, où rien ne peut choquer le plus exigeant des esprits ; et nous pouvons poser à l'histoire une question semblable à celle que nous posions dimanche dernier : En fait, l'Église s'est-elle montrée infaillible ?

Des allégations contraires, il n'en manque pas, vous le savez mieux que moi. A entendre les adversaires de l'Église, de même qu'elle a varié, elle a erré, elle s'est trompée, en mainte circonstance. Très bien ! Mais, dirai-je à bon droit, veuillez préciser vos accusations ; veuillez montrer l'heure et le fait dans lesquels vous renfermez nettement la preuve que l'Église a cru ou professé l'erreur. Je vous attends. Quand vous m'aurez apporté cette formule nette, précise, facile à étudier et à juger, je la discuterai. Jusque-là, permettez-moi de vous dire que j'ai mieux à faire et que le verbiage de tous ces docteurs ne méritent pas plus d'attention que le cri de l'enfant qu'on fouette ou du masque qui fête le carnaval.

En fait, l'Église ne s'est pas trompée, et, à l'heure qu'il est, il n'y a que sa doctrine debout. Les vôtres, Messieurs (je dis : les vôtres, parce que vous en êtes trop facilement les complaisants), ont été cent fois démenties et menacent de l'être plus d'une fois encore. Je vous défie de vous faire un *Credo* qui tienne debout cinq minutes, avec les enseignements purement humains depuis dix-neuf siècles! En revanche, tous les dimanches, quand vous daignez assister à la messe (car vous ne faites pas cet honneur à tous les dimanches, n'est-ce pas?), quand vous daignez vous souvenir des origines divines et de la fin surnaturelle de votre âme vous entendez chanter ce même *Credo* qui se chante depuis dix-huit siècles.

Il n'y a pas un iota de changé dans ce Symbole : nous n'y avons rien modifié, rien, absolument rien, et je vous défie de trouver un seul de ses articles en défaut, d'y montrer même l'ombre d'une erreur, d'y voir caché le principe d'une variation quelconque. L'Église peut se présenter, sans crainte, au jugement des hommes, dans l'intégrité parfaite de sa doctrine primitive, dans l'infaillibilité parfaite des jugements qu'elle a dû prononcer. Elle peut se présenter aussi toute vierge, toute pure, toute sainte à Celui qui l'a envoyée. Dans les tempêtes et les orages, la poussière et la boue du chemin ont pu mettre momentanément à la frange de son manteau des souillures vite lavées dans le sang et les larmes : elles n'ont pu atteindre la beauté de son visage, et le divin Époux peut toujours lui dire : « Vous êtes toujours ma toute belle, il n'y a pas de tache en vous. Venez et recevez la couronne que j'ai préparée à votre règne : *Tota pulchra es, amica mea, et macula non est in te. Veni, coronaberis.* » Messieurs, joignons notre main à celle du Maître; et puisqu'il daigne fléchir le genou devant la bien-aimée avant de la couronner, prosternons-nous d'abord devant elle, avant de poser sur son front le diadème de sa gloire. « Vous êtes toute belle, ô ma bien-aimée Mère, et il n'y a pas de tache en vous! »

Mais l'esprit humain, vous disais-je, s'épuise en objections. Vous connaissez celle-ci : Avec l'infaillibilité de l'Église, que devient l'indépendance de l'esprit humain? « Eh bien! Messieurs, si cela vous intéresse, donnons encore quelques instants à la solution de cette difficulté qui ne mérite pourtant pas de retenir un esprit sérieux. Nous allons voir aisément que l'infaillibilité de l'Église ne nuit en rien à l'indépendance de l'esprit humain.

L'objection tient à une confusion, qui tient elle-même à l'ignorance de la question. On m'a reproché de vous dire quelquefois que vous ignoriez trop de choses. Ce n'est pas gracieux, dit-on, et ce n'est pas le moyen de gagner vos sympathies. Je crois qu'on se trompe. Vous parler franchement est le meilleur moyen, à mon avis, de vous gagner. Eh bien ! je vous le dis très simplement : il y a beaucoup de choses que vous ignorez, et comme je suis ici pour vous les apprendre, je n'ai pas le droit de me faire votre disciple ou votre camarade : je suis votre maître et vous parle *tanquam potestatem habens*, avec confiance en votre intelligence et votre loyauté.

La confusion dont je parle tient à l'ignorance des rapports entre l'Église et l'esprit humain. Les connaissances ou les vérités se divisent en trois catégories : les vérités d'ordre surnaturel qui nous viennent de la révélation, — les vérités de l'ordre purement scientifique, qui n'a rien de commun, en soi, avec la révélation —, et enfin les vérités de l'ordre philosophique, qui se constitue d'un certain nombre de connaissances mixtes ou intermédiaires. De sorte, pourrions-nous dire, que la foi et la raison ont chacune leur domaine parfaitement distinct, — séparé ou réuni, comme il vous conviendra, par un terrain commun où les vérités naturelles compénètrent parfois les vérités surnaturelles, au point de se confondre avec elles. Voilà donc trois règnes ou trois domaines absolument distincts.

Dans le domaine de la révélation ou de la foi, vous ne vous étonnerez pas que l'Église soit juge. C'est sa mission, Messieurs. Elle a donc ici le droit d'être l'arbitre indiscutable de toutes les discussions. Mais allez-vous en conclure qu'elle entrave la libre action de l'esprit humain ? Erreur ! Vous pourriez en dire autant de toutes les sciences. Voyons, Messieurs, y a-t-il une science plus absolue de principes et de conclusions que celle des mathématiques ? Parce que l'esprit humain ne peut pas y remettre sans cesse en question les principes ou les lois, en concluez-vous qu'il est entravé dans les études et restreint dans les connaissances ? Pas le moins du monde. Les grands mathématiciens vous disent, au contraire, que la sécurité absolue des principes et l'indiscutabilité des conclusions leur sont des garanties, des points d'appui, un tremplin, oserai-je dire, qui les lance dans les profondeurs de la vérité mathématique.

Rien de périlleux comme des principes fluctuants : on ne sait pas d'où l'on part. Rien de périlleux comme l'absence de jalons le long du chemin : on ne sait où l'on est de la route. Rien de périlleux comme l'absence de but défini : on ne sait pas où l'on va. Donc, plus le point de départ, plus le chemin, plus le but sont nettement définis, plus aussi l'esprit est à l'aise, leste d'allures, gai de pensées, tranquille en son enthousiasme, ferme dans ses espérances.

Dans l'ordre surnaturel, l'Église fait précisément ce que je viens de dire. Ses dogmes et ses définitions, qu'elle ne permet pas de remettre en question, deviennent le point de départ d'où l'intelligence, en pleine liberté, s'élance dans les profondeurs de l'infini, sûre de l'atmosphère, de la lumière, de l'espace. Loin de gêner l'esprit humain dans sa recherche de l'infini, l'Église l'y invite, et c'est précisément pour qu'il y soit à l'aise qu'elle lui donne un point de départ certain, qu'elle jalonne de ses définitions la route où il s'engage, et lui montre là-haut Dieu divinisant l'homme, comme terme de ses efforts. Elle a ainsi créé ces grandes écoles et ces maîtres sans rivaux qui représentent la théologie et la philosophie catholiques à travers les siècles.

Messieurs, vous êtes difficiles à satisfaire, si saint Paul, saint Jean Chrysostome, saint Grégoire de Nazianze, saint Bernard, saint Thomas d'Aquin, saint François de Sales, Bossuet, Lacordaire ne vous paraissent pas représenter suffisamment l'indépendance de l'esprit humain ! Il faut renoncer à vous contenter, si leur langage ne vous paraît pas une magnifique formule de la pensée humaine, si vous ne sentez pas qu'ils ont été les initiateurs d'un merveilleux progrès ! Je vous disais naguère, Messieurs, du dernier de ceux que j'ai nommés : « Nous vivons encore de son effort », et cela est si vrai que chacun de vous, sans le savoir et peut être ne voulant pas le savoir (car cet homme a suscité des oppositions à la mesure de son génie et de sa vertu), — chacun de vous est un lacordairien Votre âme est faite, pour ainsi dire, de son âme. Cet esprit qui s'élève, cherchant toujours à voir davantage, ce cœur qui se dilate cherchant toujours à plus aimer, cette énergie qui s'élance, cherchant à atteindre des horizons toujours plus reculés, — vous, les anciens, les avez pris, et vos fils, par vous, les ont pris au pied de cette chaire, d'où vous enseignait, non pas l'humble moine que vous écoutez aujourd'hui, mais l'homme admirable qui représente une des grandes formes de la pensée humaine épanouie au soleil de la vérité surnaturelle : Henri-Dominique Lacordaire !

Oh ! non, l'Église ne gêne pas l'esprit désireux de la vérité. Elle demande la réserve et la modestie, comme il est nécessaire à la dignité même de la raison ; mais elle laisse à l'horizon sa fuite devant le regard, à l'abîme sa profondeur, à la vérité ses espaces infinis à explorer et à conquérir par l'intelligence. Elle est vraiment heureuse quand un esprit plus hardi l'interroge et qu'une voix plus éclatante la glorifie ! Quelle joie pour l'Église, Messieurs, d'avoir entendu Dominique, Thomas d'Aquin et Lacordaire parler d'elle en cette enceinte ! Quelle gloire pour ces pierres, si elles pouvaient nous dire les émotions qui les ont fait tressaillir ! Quelle joie pour elles de vous dire le frémissement qui les secouait à ces splendeurs de pensée et de parole, à ces initiations des âmes à la vérité, à ces révélations toujours plus brillantes du Seigneur Dieu, qui daignait parler par des lèvres humaines et qui mettait son cœur dans les poitrines d'où jaillissaient les flammes de son amour ! Ah ! ce n'est pas l'Église qui gênera jamais votre curiosité de savoir si vous apportez à l'étude, où elle vous convie elle-même, la gravité et la discrétion qui conviennent aux intelligences droites et à la véritable science.

L'ordre purement scientifique, l'Église vous le livre : *Mundum tradidit Deus disputationi eorum*, l'Écriture le dit. C'est là votre champ où l'Église n'a pas à intervenir.

Ici, Messieurs, voulez-vous me permettre de vous arrêter un instant à l'une de ces objections, que je dirais vieilles comme le monde, si elle ne datait pas seulement du xviie siècle.

Vous l'avez déjà sans doute dans l'esprit, et vous riez du piège que je vous tends : il s'agit de Galilée. « Dans l'ordre purement scientifique, l'Église, dites-vous, n'intervient pas. Et Galilée ? » — Voyons, Messieurs, croyez-vous à cette plaisanterie? Je vous parle, moi, très sérieusement. Si vous êtes au courant de la question, êtes-vous convaincus en alléguant Galilée? Voulez-vous, pour l'instruction de ceux qui ne savent pas exactement, me permettre de rappeler les faits ? Il y a longtemps (car cela date de Pythagore et l'Église n'existait pas encore en ce temps-là) que des savants n'ont pas accepté l'immobilité de la Terre et le mouvement du Soleil. Pythagore était de ceux-là. L'esprit humain, qui s'est toujours prétendu infaillible, a commencé par enterrer la théorie de Pythagore et le système de Ptolémée a prévalu pendant dessiècles.

Or il se trouvait, au Moyen-Age, un cardinal qui s'appelait Nicolas de Cusa... Ces cardinaux sont d'étranges gens : ils sont évêques, gouvernent des églises particulières, prennent part au gouvernement même de l'Église universelle, accomplissent des légations, pacifient des peuples, et trouvent encore le temps le soir d'observer les astres et le matin d'écrire leurs observations ! Or Nicolas de Cusa, qui ne trouvait pas les vieux Grecs méprisables, reprit la théorie de Pythagore et l'exposa si bien qu'elle frappa les esprits sérieux et que le pape Eugène IV en devint le disciple. Vingt ans après la mort de Cusa, naissait Copernic, un chanoine danois. Ces chanoines aussi sont gens étranges; ils chantent l'office, ils confessent, ils prêchent, ils visitent les pauvres et les malades et font comme les cardinaux : ils observent les astres ! Copernic inventa le système qui porte son nom; car, Messieurs, il faut s'y résigner, Galilée n'a pas trouvé la rotation de la Terre et l'on dit, non pas le « système de Galilée » — mais le « système de Copernic ».

· Le chanoine détermina très nettement la théorie du mouvement de la Terre autour du Soleil. Il parut si peu hétérodoxe qu'il se trouva un pape, Paul III, pour être un enthousiaste partisan de cette doctrine.

Copernic fut remplacé, au temps même de Galilée, par un protestant qui s'appelait Képler; et ce savant, si protestant qu'il fût, eut pour disciples les Jésuites des écoles allemandes... Ils sont étonnants, ces Jésuites, bien plus encore que les chanoines et les cardinaux! Ils représentaient, à cette époque, la vie littéraire, historique, philosophique, astronomique de l'Allemagne, et furent les disciples de Képler, sans que personne s'en étonnât. Vint Galilée. Qu'est-ce qu'il avait trouvé? Ce que Nicolas de Cusa avait retrouvé en Pythagore, ce que Copernic avait retrouvé en Nicolas de Cusa, ce que Képler tirait de Copernic. Comme inventeur, il venait un peu tard; mais — ce qui l'eût très bien posé, en notre temps — il avait cette parole facile qui porte, à Paris, un nom que vous avez certainement dans l'oreille et sur les lèvres. Gai viveur, large de mœurs, très peu gêné par la foi, ami des hérétiques italiens, il éleva la prétention de fixer le sens des Écritures. Cette fois, les choses tournèrent mal. Il avait librement professé la rotation de la Terre autour du Soleil; personne n'avait rien dit, le pape étant de son avis, et même tout à fait de ses amis. Mais quand il lui prit fantaisie de plier l'Écriture à ses idées — ce qui était un peu risqué, vous l'avouerez — on se récria d'autant plus que la mode était alors à l'interprétation libre des Écritures, avec grand péril pour le bon sens et la foi.

Sans doute, la commission nommée pour l'examen de ses théories s'est trompée; mais, il est presque inutile de le dire, elle ne représentait pas l'Église, puisque sa décision ne fut jamais sanctionnée par le Souverain Pontife. Elle s'est trompée sur une question de science naturelle; mais non sur le rôle de l'Église qui est de ne pas permettre à la science d'entrer, hors de propos et de mesure, dans le domaine de la foi. Rendons à Galilée cette justice, qu'il s'exécuta avec une désinvolture merveilleuse. La fameuse parole : « *E pur si muove* », appartient à la légende et pas du tout à l'histoire. Il déclara qu'il s'était trompé, pleinement, complètement, absolument, — tout ce qu'on voulut. Il eut en conséquence cette fameuse prison que vous connaissez, qui lui permettait de se promener, assez loin, fort loin même de Rome. Il y avait des revenus très convenables; il ne s'y trouvait pas malheureux et ne demandait pas que cela changeât. D'autant que, quatre ans après (la condamnation est de 1616 et le décret, dont je parle, est de 1620), pour lui mettre pleinement la paix dans l'âme, on déclarait sa théorie soutenable dans les écoles, pourvu, bien entendu, qu'on n'y mêlât pas l'Écriture.

Êtes-vous satisfaits, Messieurs, et reste-t-il quelque chose de ce fameux incident ? « *E pur si muove* », comme c'est beau ! Quel dommage que ce ne soit pas vrai !

Nous voici, Messieurs, sur le terrain philosophique, celui des vérités ou des connaissances, qui peuvent être à la fois d'ordre rationnel et d'ordre révélé. L'existence de Dieu, son unité, ses attributs, l'existence et l'immortalité de l'âme, tout cela est d'ordre rationnel, mais appartient aussi à la révélation. L'Église, par conséquent, a la surveillance de ces doctrines. Vous demandez pourquoi? Parce que Dieu a fait à l'homme l'honneur de confirmer par sa parole ce que la parole humaine affirmait. Y trouvez-vous à redire? Saint Thomas d'Aquin, étudiant cette question, vous répond : Dieu a voulu que vous eussiez ainsi plus de lumière, que vous l'eussiez plus facilement et plus sûrement, qu'il y eût, par conséquent, plus de sécurité et de fécondité à vos études. Mais alors, au lieu de vous gêner, l'Église vous ouvre des horizons fermés à la raison. Donnant à la vie une fin surnaturelle au lieu d'une fin naturelle, élevant l'esprit et la volonté jusqu'à l'ordre surnaturel au lieu de les restreindre à l'ordre naturel, elle donne à l'activité humaine un champ infiniment plus vaste que celui de la raison. Elle fait ce que nous disions tout à l'heure : elle porte devant l'homme en sa route, non plus la lampe fumeuse de la raison, mais le soleil étincelant de la révélation. Viendra-t-il se plaindre que ses pas soient trop éclairés, que son effort soit trop aidé, que toute sa vie soit incessamment renouvelée par les influences que l'Église ajoute à celles de sa nature ?

*
* *

Concluons, Messieurs. Où est donc la gêne que l'Église impose à l'intelligence humaine? A-t-elle gêné les Apôtres, les Pères et les Docteurs? A-t-elle gêné les vrais philosophes et les vrais savants? A-t-elle entravé l'essor des intelligences vraiment puissantes? Elle a gêné les esprits faux ou vulgaires : c'est vrai. Elle a gêné les Voltaire et les Renan, en leur scepticisme orgueilleux et démoralisateur. Mais a-t-elle gêné, en notre siècle, les Chateaubriand ou les de Maistre, les Ampère ou les Pasteur? A-t-elle gêné aucun de ceux qui ont représenté noblement la puissance de penser et de parler? Pas le moins du monde. Elle les a aidés, au contraire, comme elle les aidera toujours. L'esprit humain s'agite, toujours troublé, toujours indécis, ne sachant jamais où poser sa tente, même pour une heure, et déclare pourtant qu'il bâtit des palais quand il a entassé quelques mottes de terre, pour y abriter une nuit troublée par tous les orages et toutes les terreurs. Pendant ce temps, l'Église prépare à l'intelligence des conquêtes toujours nouvelles et toujours sûres, et fait à la vérité un asile où la raison sera toujours certaine de la retrouver pour lui rendre ses hommages et lui emprunter le rajeunissement de sa vie.

Seigneur, Dieu de vérité et de miséricorde, nous vous remercions d'avoir établi l'Église, de lui avoir communiqué votre autorité, de la faire vivre en ce corps enseignant, dont la parole est infaillible. Nous vous remercions, en ce monde qui change incessamment, d'avoir mis votre Église qui ne change pas; d'avoir à cette agitation de l'esprit de l'homme, toujours sujet à l'erreur, opposé cette stabilité. Seigneur, nous vous remercions, dans les tristesses et les déceptions de la vie intellectuelle, de nous avoir donné l'assurance que nous ne perdrions pas la lumière de votre vérité et la paix de sa possession. Seigneur, nous vous remercions d'avoir dit au premier des évêques chargé de continuer votre ministère : « Tu es Pierre, et sur cette pierre je bâtirai mon Église. L'enfer essaiera de prévaloir contre elle : N'ayez pas peur; j'ai vaincu le monde, et je suis avec vous jusqu'à la consommation des siècles. Et puisque, moi, l'infaillible Vérité, je reste avec vous; puisque je suis toujours le chef de cette Église dont vous êtes les membres, les portes de l'enfer ne prévaudront pas contre elle : *Tu es Petrus, et super hanc petram ædificabo Ecclesiam meam, et portæ inferi non prævalebunt adversus eam.*

AVIS IMPORTANT

Les Conférences paraîtront en volume très prochainement, soigneusement revues et enrichies de notes nombreuses.

On peut souscrire dès maintenant aux bureaux de la « Revue Thomiste », 222, faubourg Saint-Honoré, Paris.

Prix de catalogue .... 5 »
Prix de souscription (*franco*, en s'adressant directement à nous). 4 25

PARIS. — F. LEVÉ IMPRIMEUR DE L'ARCHEVÊCHÉ, RUE CASSETTE, 17.

CONFÉRENCES DE NOTRE-DAME

CARÊME 1897

Sixième Conférence. — 11 avril 1897.

Autorité de l'Église enseignante.

ÉMINENCE,
MESSIEURS,

La vérité surnaturelle, c'est-à-dire inaccessible aux efforts de la raison livrée à elle-même, nous a été révélée par Notre-Seigneur Jésus-Christ, en sa forme complète et définitive. De cette révélation, il est résulté une société des âmes, un ensemble d'hommes vivant de la croyance et de l'espérance en Notre-Seigneur Jésus-Christ. Cette société des âmes, qui a tous les caractères des sociétés véritables, a comme elles, pour principe de vie et d'action, une autorité, d'origine divine — puisque l'autorité ne peut pas avoir d'autre origine — mais de caractère absolument particulier, infiniment plus relevé, et qu'il nous faut étudier aujourd'hui.

Ainsi se ferme le cycle de nos études, que j'appellerai volontiers préparatoires. Nous ne sommes point entrés dans l'intime de la question, puisque nous n'avons pas encore abordé la constitution et le gouvernement de l'Église enseignante. Ce que nous en avons dit toutefois a déjà pu vous indiquer la nature et l'étendue de l'autorité qui lui convient. La multitude ne peut pas faire directement acte d'autorité : elle doit déléguer son autorité à des représentants, qui deviennent ainsi la société condensée, si j'ose ainsi parler, la société réellement agissante et gouvernante.

L'Église subit les mêmes lois. Dès lors, elle se fait représenter, comme toute autre société, par un corps dans lequel son autorité se manifeste, vit et agit, et qui s'appelle du même nom qu'elle : l'Église, l'Église enseignante et dirigeante.

Quels sont les caractères de l'autorité ainsi déléguée ? Nous le voyons du premier coup : les mêmes qui conviennent à l'Église : autorité d'une société spirituelle, universelle, d'origine et de

(Sténographié par Gustave Duployé, 36, rue de Rivoli.)

mission divine, par conséquent, d'action et de pouvoir absolument uniques.

Nous allons le voir dans une étude rapide, mais qui, je l'espère, vous satisfera pleinement. Après l'exposé de la doctrine relative à l'autorité de l'Église, nous aborderons la fameuse objection, qui est peut-être déjà dans vos esprits : « L'autorité de l'Église, avec les caractères que vous lui assignez, laisse-t-elle subsister l'autonomie des peuples et l'indépendance des gouvernements? » Problème souvent posé et souvent résolu, et qui reste la raison des différends et des malendus surtout qui divisent l'Église et l'État, dans les temps que nous traversons.

Tel est, Messieurs, le sujet de notre conférence. Je le traiterai aussi simplement que possible, afin de le rendre plus saisissant. Je compte, comme toujours, sur votre sympathie, mais je fais un appel spécial, permettez-moi de le dire, à votre parfaite loyauté.

.·.

Un seul mot, Messieurs, suffit à caractériser l'autorité de l'Église enseignante : c'est une autorité suprême. Elle est au-dessus de toute autre autorité, de toute la distance qui sépare la terre du ciel, l'homme de Dieu.

L'Église, disions-nous, est une société spirituelle, la société des âmes qui ont préoccupation de ce qui leur convient avant tout : la vie surnaturelle. Par conséquent, cette société est au-dessus des autres de toute la hauteur où l'âme se tient au-dessus du corps, les intérêts de l'esprit au-dessus des intérêts matériels, les intérêts éternels au-dessus des intérêts temporels. Dès lors cette affirmation s'impose : l'autorité qui a pour objet la conservation et le développement d'intérêts essentiellement matériels et temporels, ou, si vous aimez mieux, surtout matériels et temporels, est subordonnée à une autorité qui vise surtout la vie intellectuelle et morale, sauvegarde et développe les intérêts de l'esprit ou de l'âme, atteint, dans son action, au delà des temps, l'éternité, au delà de l'espace, l'immensité. A ce premier point de vue, donc, l'autorité de l'Église est une autorité suprême.

Il y a mieux : l'autorité d'une société est proportionnelle, dans son action, à l'étendue et à la durée que comporte cette société par sa notion même.

Or l'Église n'est point mesurée par les frontières d'un État, par les limites d'un peuple : elle est l'humanité même; l'humanité que Jésus-Christ est venu racheter, diviniser, par le sacrifice de la croix et par l'enseignement de l'Évangile. Nul homme n'en est exclu ; tout homme y est appelé et, par ce fait seul, est forcé d'en être. Elle a, dès lors, sur toutes les sociétés, une supériorité manifeste.

Dans la durée, il en est de même. Elle précède dans l'existence tous les peuples. Elle en a vu beaucoup mourir, elle en verra d'autres, et elle se promet de durer autant que l'humanité même. Bien plus, parce qu'elle est la société des âmes, elle ne quitte le temps que pour entrer dans l'éternité. Les siècles de son avenir ne se nombrent point par les volumes des annales humaines, mais par les récits que Dieu se fait à lui-même de son existence et de son action : nouvelle raison, pour elle, de revendiquer une autorité suprême.

Mieux encore. Ce caractère d'universalité ne lui convient pas seulement en ce que, dans l'espace, la durée, le nombre, elle prime les sociétés humaines ; mais en ce qu'il n'y a pas, dans l'âme humaine, un mouvement qui ne relève d'elle ; car il n'y a pas, dans l'âme humaine, un mouvement qui ne relève de l'autorité suprême de Dieu. Pas une pensée qui ne relève de la vérité pleine, qui est la vérité surnaturelle ; pas un acte qui ne procède des lois de la morale suprême, qui est la morale surnaturelle ; pas d'autre fin à la vie de l'homme que celle qui est fixée par Jésus-Christ : toutes les autres ne sont qu'apparentes. Il en résulte que l'âme humaine est saisie, depuis ce qu'il y a de plus initial dans la sensation, jusqu'à ce qu'il y a de plus complet dans la volonté réalisée, par la direction de l'Église, ce que jamais société humaine n'a pu prétendre. Le meilleur de mes pensées échappe à toute direction humaine ; le meilleur de mes affections s'émancipe des directions humaines ; le meilleur de mes volontés doit presque toujours s'en affranchir ; le meilleur de ma vie a pour souci de leur échapper. Je ne puis pas en dire autant de l'Église. Elle vient s'asseoir au plus intime du foyer de l'homme, pour en surveiller, pour ainsi dire, les cendres, où une étincelle va tout à l'heure s'enflammer. Elle vient s'asseoir aussi au bord de la tombe, pour affirmer ou plutôt pour faire que j'entre par cette porte en ma véritable vie. Elle a modelé tout ce qui est de mon action du temps, afin de faire épanouir l'espérance de mon éternité. Par conséquent, elle est, dans l'autorité qui lui convient et qui doit répondre à sa nature, infiniment au-dessus de toutes les sociétés humaines, bien plus encore s'il était possible, que le ciel n'est au-dessus de la terre ; car le ciel visible n'est pas le ciel réel, ce n'est qu'une immensité de relation, et, par conséquent, ce qu'il faut dire, c'est que l'Église est au-dessus des sociétés humaines, à ce point de vue, autant que la divinité même est au-dessus de l'humanité, autant que moi, transformé par le sacrifice de Jésus-Christ, divinisé par les mérites de sa Rédemption, je suis au-dessus de l'homme qui n'a souci que de cultiver la terre et d'en manger les fruits.

Ainsi, c'est une autorité suprême, à tous les points de vue, que celle de l'Église : suprême parce qu'elle est purement spirituelle, suprême parce qu'elle est universelle. J'ajoute suprême parce qu'elle est unique, en ce sens qu'elle incarne en elle, pleinement et immédiatement, l'unique autorité qui s'impose à l'homme, celle de Dieu.

Toute autorité, disions-nous, est d'essence divine, et il nous a suffi, pour l'établir, de rappeler ce fait : c'est que tous les hommes sont égaux par nature. Les inégalités de naissance, de vie, d'action, ne sauraient créer que des accidents ; elles ne modifient pas le fond, et la nature reste la même.

Or quand il s'agit de définir l'autorité qui devra régir la vie, ce n'est pas aux accidents, mais à la nature même, qu'il faut demander sa notion, et, dès lors, il n'y a, sur les hommes, qu'une autorité acceptable ; c'est celle de Dieu. J'en subirai qui paraissent venir des hommes, parce que, médiatement, par les hommes, elles viennent de Dieu ; mais si un homme, en raison de sa force, de sa richesse, de sa noblesse, de ses fonctions, vient alléguer qu'il est mon supérieur, je m'incline avec le respect que réclame l'âge, avec la sainte terreur que la force peut inspirer, avec ce respect meilleur qui tient à la supériorité de l'intelligence ; mais je ne reconnais nullement la souveraineté. Je n'ai qu'un maître en ce monde, c'est Dieu, et dans la mesure où Dieu se montre, je me crois tenu à obéir. Mais alors à quelle hauteur ne monte pas l'autorité de l'Église ! Cette autorité est divine, comme toute autorité véritable ; mais à combien plus forte raison ! Celle qui a cours parmi les hommes, pour le service d'intérêts matériels et temporels, est une autorité que l'on peut regarder comme diminuée ; celle de l'Église est une plénitude.

Messieurs, voulez-vous me permettre une comparaison bizarre, presque vulgaire ? L'épée, qu'elle soit aux mains d'un Napoléon ou d'un sergent de ville, est toujours l'épée ; mais l'épée du sergent de ville menace aussi bien le chien qui vague que la poitrine du révolutionnaire ou de l'assassin. L'épée de Napoléon, vous ne pouvez la faire servir à ces besognes : il faut qu'elle frappe les coups de Marengo ou d'Austerlitz ou, si elle se brise, il lui faut Waterloo. Ainsi l'autorité divine. Elle est participée, c'est vrai, toujours semblable à soi, mais singulièrement différente dans les applications qui s'en peuvent faire. Lorsqu'il s'agit de sauvegarder, par exemple, avec le sabre du gendarme, la perception des impôts, et lorsqu'il s'agit de mettre à la tête du martyr la couronne éternelle, vous n'admettrez pas, je pense, que les deux coups d'épée de la Providence soient de même valeur et de même portée. Soyez logiques, et di tes que l'autorité qui réside en l'Église, en raison de la destinée qui lui est faite, des intérêts qu'elle sauvegarde, des progrès qu'elle assure, des revanches qui lui sont imposées, des espérances qu'elle devra couronner un jour, cette autorité est au-dessus des autres, encore une fois, autant que les inspirations du génie sont au-dessus d'une pensée vulgaire. L'autorité divine est là plus divine que jamais, essentiellement divine, ou plutôt, nous ne pouvons constater la divinité de l'autorité d'une façon indiscutable, qui nous frappe au premier coup d'œil, qui nous pénètre jusqu'au fond de l'âme, qui fasse taire toutes les objections, que lorsque nous la rencontrons dans l'Église enseignante.

Donc, en raison de ce qu'elle est spirituelle, de ce qu'elle est universelle, de ce qu'elle est divine, l'Église plane, comme autorité, au sommet des choses. Toutes les autres autorités sont à elles ce que pouvaient être, dans une famille, les plus jeunes à l'aîné, lorsque l'organisation de la famille réservait tous les biens, semble-t-il, à l'aîné des enfants. Et si, parmi les peuples, nous ne sommes pas étonnés d'entendre assigner une première place à la France, cette fille aînée de l'Église et, par conséquent, du cœur de Dieu, il ne faut pas trouver étrange qu'entre les sociétés que voient nos yeux, que raconte l'histoire, que promet encore l'avenir, se lève cette fille aînée du cœur de Dieu : la sainte Église de Jésus-Christ.

*
* *

Telle est l'autorité de l'Église. Comment agit-elle ?

Il me semble, Messieurs, que je vous retiendrais inutilement à développer cette pensée. Comment agit-elle ? — Mais comme il convient à une pareille autorité ! C'est-à-dire qu'il n'y a dans le monde, ni une personnalité, ni une association, ni, par conséquent, un peuple qui se puisse émanciper de l'autorité de l'Église. Dans l'espace, elle les contient ; dans la durée, elle les enferme ; dans la pénétration, elle les saisit ; dans toutes les pensées, toutes les volontés, tous les actes, elle est leur naturelle illumination, leur naturelle direction, leur régulatrice suprême.

Oh ! je sais que cela froisse singulièrement l'orgueil humain, dans tous les temps, et surtout dans le temps où nous sommes ! Être, parmi ses concitoyens, un des représentants de la puissance intellectuelle, philosophique, scientifique, et devoir se dire que l'on dépend de l'Église, cela peut être dur, Messieurs ; mais il en faut passer par là ! Être revêtu de la puissance royale, impériale ou de cette puissance populaire qui a la prétention d'effacer les deux autres, et se dire qu'il faut s'incliner devant l'Église, c'est dur ; mais il est ainsi !

Un homme, quel qu'il soit, est au-dessous de l'humanité, et l'humanité n'a de représentation suffisante que dans l'Église : donc un homme, quel qu'il soit, est au-dessous de l'Église. Il n'y a pas de vérité naissant de la raison humaine, qui puisse créer une autorité intellectuelle indépendante de la révélation : donc, quelque intelligence que ce soit est soumise à l'autorité qui garde et développe la révélation, c'est-à-dire à l'Église. Il n'y a pas d'autorité matérielle qui ne soit soumise, par sa nature même, à une autorité d'ordre spirituel : donc les couronnes des princes, des rois, des empereurs, de tout ce qui représente l'autorité parmi les hommes est au-dessous de l'autorité de l'Église, et, finalement, car vraiment j'abuse de votre patience, il n'y a rien dans l'humanité qui ne soit au-dessous de Dieu, et, puisque Dieu a daigné se révéler de telle manière que la révélation continue de régir les intelligences et les volontés, par le ministère de son Église ; puisque l'autorité de l'Église, dès lors, est l'autorité même de Dieu, il n'y a ni homme, ni association, ni peuple, ni intelligence, ni génie, ni naissance, ni richesse, ni force qui ne soit au-dessous de celle qui est Jésus-Christ visible sur la terre, c'est-à-dire la sainte Église catholique.

Il faut, bon gré mal gré, en venir à cette conclusion. L'Église n'est autre chose que la continuation de Jésus-Christ à travers les siècles, et quand même nous n'aurions pas à lui assigner, comme à une société exceptionnelle, les caractères que nous avons indiqués, il faudrait encore, ne fût-elle qu'une poignée d'hommes, fût-elle redescendue aux catacombes, portât-elle la tête du dernier de ses pontifes à l'échafaud, dire qu'elle est l'autorité par excellence, ou plutôt qu'elle est la seule autorité devant laquelle il convienne aux hommes de s'incliner.

Je vous étonne peut-être, Messieurs, mais laissez-moi épancher mon âme et essayer de réveiller la vôtre qui s'endort, parfois, dans l'oubli de ces grandes choses.

C'est la gloire de la vérité et de la raison à la fois ; c'est la gloire de la conscience humaine, d'avoir à s'incliner devant une autorité si haute. Je suis un être qui enveloppe une âme dans une chair; je suis un être à qui les siècles de l'éternité et les espaces toujours recommencés de l'immensité sont la seule durée et la seule étendue qui conviennent, et, enfermé dans la prison qui s'appelle ma chair, je demande que les murs en soient démolis au plus vite : « *Cupio dissolvi* », afin d'être avec Jésus-Christ; parce que, à ses côtés, dans sa vie, je serai dans la vie qui me convient.

Or, vos autorités et vos sociétés de la terre me parlent sans cesse de progrès matériel, d'utilisation du jour présent; elles ne me parlent jamais, en somme, que de rester dans la chair et dans la prison que me fait la chair, et vous voulez que je n'aie pas, moi, le désir de les oublier, pour songer à l'autorité qui convient à mon âme, qui m'ouvre les horizons et m'assure les durées qui conviennent à mon âme! Vous voulez me voir courtiser je ne sais quelle autorité, qui naît au gré d'une révolution et disparaîtra dans une révolte, qui se prétend héritière de parchemins qu'un arrêt de Parlement déchire! Vous voulez que ce soit là mon idole, à cela que je porte mes adorations! Arrière, Messieurs! Je suis un homme, c'est-à-dire surtout une âme; par mon âme, j'habite surtout les régions de l'esprit; les régions de l'esprit sont le vestibule des régions surnaturelles; mon trône, à moi, c'est l'éternité, c'est l'immensité, et l'autorité qui me guide sur ce chemin, qui m'ouvre cette porte, qui m'assied sur ce trône, voilà l'autorité devant laquelle je m'incline. Faites venir maintenant vos policiers et vos gendarmes; ouvrez-moi vos prisons et dressez pour moi vos échafauds; qu'est-ce que cela me fait? Vous n'aurez pas touché à ce qui est moi, et ce qui est moi gardera le droit de ne s'incliner devant personne, si ce n'est devant une autorité souveraine. Ma conscience se renferme en l'Église comme en un sanctuaire; la dignité de ma vie se met derrière l'Église comme derrière un rempart; et quand vous avez, vous, baisé les pieds des idoles plus ou moins fangeuses; quand vous avez offert de l'encens à toutes les monstruosités que l'homme érige sur son chemin, quitte à les briser un jour après les avoir adorées jusqu'à la folie, vous nous accusez d'être en retard, de rétrécir nos esprits et de les enfermer dans les prisons gothiques! Soit, Messieurs! restez fiers de votre intelligence et de votre liberté prétendues! Moi, je prends pied sur les siècles passés, comme sur le tremplin qui me jette, par-dessus vos têtes, dans les régions sereines de la vérité, de la liberté, de l'éternel avenir!

*
* *

Ainsi, Messieurs, nous avons constaté dans l'Église une autorité à laquelle conviennent les titres de suprême et d'unique, j'entends dans le cercle de son action. Vous plaît-il maintenant de rechercher ce que vaut l'objection qui trouble tant d'esprits en notre temps : — Comment se fait-il qu'avec une pareille autorité, les sociétés politiques puissent encore être autonomes et leur gouvernement rester indépendant? »

Pour résoudre cette difficulté, insoluble d'apparence, il suffit de faire distinction entre les principes sociaux et les formes sociales — les fondements des sociétés et les accidents de leur vie.

S'il s'agit des principes sociaux, vous voudrez bien me permettre de vous dire que l'Église en a la surveillance et en assure la conservation. En effet, pouvez-vous concevoir deux vérités et deux morales ? Évidemment, non.

En pratique, malheureusement, il en est souvent ainsi; mais, de cette pratique à la vérité et à la justice, il y a un abîme, et rien ne peut la légitimer devant la raison. Ce qui est vrai pour un homme est vrai pour un autre homme et pour l'ensemble des hommes. Ce qui est vrai ou faux, à l'heure qui sonne, est vrai ou faux, en soi, à toutes les heures; ce qui est vrai ou faux dans ma vie personnelle, est vrai ou faux en toute vie raisonnable et responsable. Dès lors, ce qui est vrai ou faux dans la vie privée est vrai ou faux dans la vie sociale. Si je ne puis vous voler cinq francs sans être passible des tribunaux, vous est-il possible de toucher à mon bien, tout moine que je sois, sans que j'aie le droit d'invoquer les tribunaux ? En pratique moderne, peut-être ! Mais, en bonne justice, non pas ! Tout principe de vérité et de justice, dès qu'il est formulé, entre dans l'intelligence et la conscience humaines, avec un droit à régner que ni la durée des temps ni les efforts des passions ne pourront supprimer.

On objecte les nécessités de la vie sociale, que l'on dit de nature particulière. Permettez-moi de rectifier. Il y a, je le sais, des heures où je suis obligé de ne pas appliquer certains principes, parce que leur application ne peut être tentée, sous peine de devenir dangereuse et parfois mortelle. Mais ce n'est pas sacrifier le principe que d'en retarder l'application. Le principe réservé a-t-il perdu de son autorité? Pas le moins du monde, et lorsque les circonstances, qui en ont empêché l'application, auront changé, il retrouvera justement la plénitude de ses exigences. De

même dans la vie des peuples. La guerre menace les intérêts natio-
naux : il faut, pour la faire, disposer des vies, des biens, presque
de l'honneur des citoyens. Le principe qui préside aux circonstances actuelles est autre que ceux qui régissent la vie courante.
Je comprends sans effort qu'une réquisition m'enlève mon bien,
atteigne ma personne et même, à un certain moment, me com-
mande de sacrifier en apparence mon honneur! Est-ce à dire que,
au retour de la paix, je ne puisse pas réclamer la restitution du
bien qu'on m'a pris, pour le service du pays, durant la guerre?
Mais c'est absurde! J'ai droit à des compensations, non seulement
pour ma fortune ébranlée, mais aussi pour mes membres mutilés!
Si même j'ai dû donner ma vie, au moins que mon nom soit gravé
sur une pierre qui apprenne à tous le prix du sacrifice et la grandeur de l'abdication! Surtout si mon honneur a été un instant
compromis, j'ai droit à la réparation, dans la glorification du
service rendu. Le principe un instant réservé est resté intact, et
reprend la plénitude de son action.

Dès lors, il n'y a pas lieu de substituer à la morale dite individuelle une autre morale dite sociale, à l'usage des peuples et de
leurs gouvernements : ce serait le renversement de la raison et de
la conscience. L'honneur des sociétés repose sur les mêmes fondements que l'honneur privé ; les sociétés vivent et prospèrent
dans la même atmosphère qui fait la vitalité des âmes. Si nous
admettons que l'Église a le droit de surveiller les développements
de la vérité et de la justice dans les âmes, la conclusion sera donc
que nous ne pouvons pas lui refuser le même droit, quand il s'agit
de la vie sociale. Que je professe une erreur, vous trouverez
naturel que les foudres de l'Église m'écrasent. La même erreur est
professée par un de ceux qui représentent l'enseignement officiel,
national, comme l'on dit, — puisque tout parti qui triomphe s'appelle le peuple ou la nation, — trouverez-vous raisonnable qu'il
échappe à la foudre? Il serait donc permis de professer le mensonge, parce qu'au lieu d'être un simple moine, on serait chef
d'école, et que, dans une chaire officielle, on parlerait un langage
agréable aux puissants et récompensé de toutes les faveurs? Je
suis un simple citoyen, et il ne m'est rien permis d'immoral. Con-
viendra-t-il au magistrat, même suprême, de l'être ; et le coup
d'épée qui châtie les immoralités individuelles, ne saurait-il
atteindre ceux qui ont le devoir, par leur élévation même, de
représenter la perfection de la vie sociale ?

Parlerons-nous autrement des peuples eux-mêmes? Ils s'affolent comme les individus, bien plus facilement même, car les multitudes s'affolent quasi par le seul fait qu'elles sont réunies. Accorderons-nous à la multitude le droit d'être absurde ou immonde sans que personne ait le droit de le lui reprocher? Évidemment non, Messieurs. Au-dessus des peuples il y a l'humanité, et pour régir l'humanité il y a l'Église. Et l'on ne peut demander à l'Église de se taire, uniquement parce qu'il plaît à une société de déraisonner ou de s'avilir. Je vous prie de réfléchir. Vous prétendez que la liberté des peuples et des gouvernements va disparaître : pourquoi, s'il vous plaît? Je vous disais naguère : Est-ce que les principes rigoureux des mathématiques empêchent l'épanouissement des intelligences passionnées pour la science des nombres? Les anciens disaient : *Sub lege libertas.* C'est la loi acceptée qui fait la véritable liberté. Je dis : la loi ! Non pas la fantaisie des partis qui triomphent momentanément, avec leurs préjugés et leurs passions, prompts à se satisfaire : mais la vérité pratique, qui n'est finalement autre chose que la volonté de Dieu, puisqu'il n'y a réellement d'autre vérité pratique que cette volonté. Ailleurs je trouve la licence, le prétendu droit de tout faire, jusqu'au jour où la tyrannie, fille de la licence, vient interdire toute spontanéité. Messieurs, cette liberté-là ne me tente pas et j'aime à croire qu'elle ne tente pas beaucoup d'entre vous. « La liberté est le droit de faire tout ce qui ne nuit pas à autrui, » disait la Déclaration des droits de l'homme. Mais ce qui nuit à autrui, c'est l'enseignement d'une erreur, l'insinuation d'une mauvaise pensée, l'exemple, qui corrompt les mœurs, c'est ce qui dégrade autrui d'une façon quelconque ; et puisque la vérité et la justice, en la plénitude de leur connaissance, procèdent de la volonté de Dieu, manifestée dans la révélation, il n'y a pas de liberté, même suivant la Déclaration des droits de l'homme, en dehors de l'autorité reconnue de l'Église.

Les peuples ne sont pas plus obligés que les individus de faire des sottises; les gouvernements ne sont pas plus forcés d'être absurdes que je ne le suis. Que les peuples et les gouvernements ne s'engagent pas et ne s'obstinent pas volontairement dans l'erreur, l'Église ne les gênera pas ! Tout au contraire, comme l'histoire l'a cent fois démontré.

Reste la question des formes sociales. — Voulez-vous me permettre d'être franc, Messieurs? C'est surtout cela qui vous intéresse; car, pour dire les choses comme elles sont, on a pu, de toutes les façons, insulter Dieu, Jésus-Christ, l'Église, sans faire trop crier. — Je ne dis pas cela pour les catholiques, mais il n'y a pas ici que des catholiques. — On a pu insulter les mœurs, de façon tellement immonde, qu'on n'ose pas trop se dire Français à l'étranger, et l'on n'a pas trop crié, — sinon pour railler les honnêtes gens qui se hasardaient à demander un peu de propreté dans la rue et un peu de décence dans les écrits et les discours. Chez nous, on peut jeter à la Seine, ou mieux à l'égout, les choses les plus saintes sans nous exaspérer ; mais si, par malheur, on s'avise de toucher à certaine étiquette, nous devenons irréconciliables ! Montaigne a écrit notre histoire depuis longtemps. « Il y a, dit-il, dans la vie des peuples, des heures où l'on peut tout changer, même les constitutions. Il y en a d'autres où il ne faut pas essayer de changer les enseignes. » Nous sommes à cette dernière heure, Messieurs. Les principes, qu'ils aillent où ils voudront ; les applications des principes, qu'on en fasse ce qu'on voudra ; mais ne touchez pas aux enseignes ! C'est là qu'est la grande difficulté entre vous et l'Église.

Eh bien, Messieurs, je vais vous mettre du baume dans le cœur : l'Église se soucie de vos enseignes et de vos étiquettes à peu près comme je me soucie du berceau où j'ai dormi mon premier sommeil. Mettez bien cela dans votre esprit. L'Église, à l'endroit des formes sociales, professe la plus complète indifférence, le plus complet scepticisme, — dirais-je, — s'il était permis de parler d'elle en termes qui ne paraissent pas suffisamment respectueux. Elle professe, à ce point de vue, la même liberté que nous constations, tout récemment, dans l'ordre scientifique ; elle laisse les peuples faire d'eux-mêmes ce qui leur convient. Rappelez-vous ce que nous disions, en commençant ces études : l'autorité est nécessaire aux peuples comme l'âme est nécessaire à l'homme ; c'est le principe vital, le principe de conservation, d'expansion, de progrès, de grandeur. Mais quelle forme revêt l'autorité, c'est une question tout à fait différente. Nous avons tous la même âme, c'est-à-dire la même raison ; mais nos raisons sont diverses comme nous-mêmes, dans leurs manifestations légitimes, suivant les périodes de notre vie. Ce qui les impressionnait, à une heure donnée, ne les impressionne plus à une autre.

Le progrès, en élargissant les horizons, change nécessairement les points de vue et les conclusions. — « L'homme, a-t-on dit quelquefois, ne peut, à vingt ans, garder le vêtement qu'il portait à dix, et ne revêt pas en hiver le même habit qu'il portait en été. » De même les peuples. Une société qui se développe n'est pas fatalement obligée, à un moment donné, de conserver les mêmes façons d'être qu'elle acceptait raisonnablement à un autre point de son histoire. C'est un principe indiscutable. Saint Thomas d'Aquin dit très justement : « Le gouvernement doit être en rapport avec le tempérament national qui se manifeste en des aspirations variables, suivant les besoins, — et l'on conçoit, dès lors, parfaitement des formes différentes et des modifications dans le gouvernement, soit au moment de son choix, soit au cours de l'évolution sociale. Si un gouvernement reste conforme au tempérament national et aux aspirations légitimes du moment où on l'étudie, il est rationnel et, par conséquent, légitime. » Évidemment ceci, Messieurs, peut ne pas cadrer avec certaines idées, je le sais ; mais je ne puis prendre des idées quelconques pour vous enseigner, suivant mon mandat et ma conscience. Je dois m'en tenir au bon sens.

Tel peuple, — à l'heure où il délègue l'autorité qui est en lui de droit divin — croit conforme à son tempérament, et, par conséquent, à ses besoins, de préférer la forme républicaine à la forme monarchique : il a raison de la choisir. Un autre croit, au contraire, que la forme monarchique s'adapte mieux à son tempérament et à ses besoins : il fait très bien de la préférer. L'Église le constate et s'incline. Elle a vécu à travers les siècles en bon accord avec tous les régimes, avec la république de Venise, avec la monarchie française, avec le Saint-Empire allemand. Jamais, ni peu ni beaucoup, elle n'a eu de difficultés avec ces diverses formes de société, en raison de ce qu'elles étaient : c'est un fait incontestable.

Mais, dites-vous : « La forme une fois choisie, comment l'Église va-t-elle s'en tirer ? » Eh ! mon Dieu, Messieurs, comme vous vous tirez vous-même d'affaire avec les hommes et les circonstances.

Vous n'êtes pas chargés d'indiquer aux gens la forme en laquelle leur activité va produire le travail ; et s'il leur plaît, à une heure quelconque, de changer la forme en laquelle le travail exprime leur activité, est-ce votre affaire ? Vous pourrez avoir des préférences pour telle ou telle forme d'activité ; vous pourrez, par conséquent, regretter que tel de vos amis ait suivi une route plutôt qu'une autre et en ait changé à telle bifurcation ; mais votre droit est-il de l'empêcher de suivre la droite ou la gauche ? Non. L'Église ne se reconnaît pas davantage ce droit. Vous pouvez dire de votre ami, que vous regrettez son choix ; vous pouvez apprécier les influences qui ont agi sur lui et les trouver déplorables ; vous pouvez, au besoin, le lui dire, encore que ce soit rarement utile : l'Église fait comme vous.

Lorsque Léon XIII — ce pontife que je n'ose trop louer, parce qu'il vit — que je ne mettrai pas au-dessus de ses prédécesseurs, parce qu'à l'histoire seule il convient de porter de pareils jugements — mais que votre admiration et la mienne mettent hors de pair parmi les intelligences qui ont éclairé l'humanité — lorsque Léon XIII a indiqué aux catholiques de France la ligne de conduite qu'il désirait leur voir prendre, vous savez ce qu'il disait des agitations sociales : « Ces mutations procèdent presque toujours de mouvements dont il est difficile de saisir le motif et dont il est permis quelquefois de suspecter la moralité. » — L'Église n'approuve donc pas *à priori* les agitations plus ou moins raisonnées ou passionnées des peuples et ce qui en découle. Elle se réserve de prononcer sur l'opportunité ou la sagesse de ces mouvements et de leurs conséquences. Mais, quand elle a fait ce que nous pourrions appeler une décision de cour de cassation sur le principe, elle n'a pas entendu toucher au fait, et elle n'y a pas touché. Peut-elle empêcher que les peuples aient changé? Non. Peut-elle leur contester le droit de prononcer sur eux-mêmes? Non. Elle peut — comme vous le pouvez vous-mêmes — déclarer qu'il y a tout au moins discussion possible sur le moment, sur la forme, sur l'étendue du mouvement ; quant au droit, elle ne le met pas en discussion. Elle vous le laisse intact : à vous de choisir ce qui vous convient dans la vie sociale, au point de vue de la forme qu'elle peut revêtir. Elle ne demande aux pouvoirs de la terre que le libre passage ; elle n'a pour ennemis que ceux qui lui barrent la route et pour amis ceux qui lui tendent la main.

Franchement, elle a bien raison ; car il faut avouer que les amitiés des puissants lui sont quelquefois plus périlleuses que leurs antipathies. Trop souvent elle pourrait dire : « Dans combien de circonstances j'ai tiré meilleur parti des hostilités que des prétendus services ! » Le tort des autorités humaines vis-à-vis d'elle a toujours été de prétendre à la première place. Dès qu'elles l'appuient, elles ne peuvent se défendre de se croire supérieures à elle, et encore que leur cliente soit la reine de l'humanité, par cela seul qu'elles l'aident momentanément, elles prétendent la dominer.

L'Église n'accepte rien de pareil ; elle veut le libre passage. Quiconque l'aide loyalement peut compter sur elle ; quiconque lui barre le chemin devient son ennemi, qu'elle écarte. Si vous trouvez dans l'histoire des sympathies de l'Église pour certains régimes, et

quelquefois vous le lui jetez à la face avec beaucoup plus d'empressement que de sagesse, pouvez-vous lui reprocher d'avoir été recon-
naissante des services rendus? Est-ce que vous refusez un sourire
à la bienveillance ? Vous interdisez-vous d'être reconnaissants?
S'il plaît à trop d'entre nous d'être ineptes et ingrats, l'Église ne
fera pas de même. Il n'en est pas moins vrai que cette reconnaissance n'en fait pas une servante et qu'elle n'a jamais accepté de
rendre hommage lige à qui que ce soit. Elle n'a de suzerain que
Dieu, et n'entend pas en avoir d'autre. Qu'on le trouve déplaisant,
elle en a peu souci et passe tranquille. Si quelques-uns des siens se
sont montrés empressés à plier le genou, ils ne l'ont jamais représentée. Celui-là qui, seul, incarne l'Église, si vous me permettez
l'expression, s'est toujours réservé le droit de répondre à qui lui
reprochait de changer : « Ce qui change, ce n'est pas l'Église, mais
l'humanité. L'Église, qui a toujours eu pour mission et pour gloire
de servir l'humanité, doit tenir compte des changements qui se
produisent dans l'humanité pour déterminer le caractère de ses
services. Mais elle ne change pas dans sa mission, ni dans la
manière de la comprendre. »

Conclusion, Messieurs : vous pouvez, à votre gré, être tout ce
qu'il vous plaira en politique : l'Église ne vous gêne nullement.
Elle vous demande purement et simplement de ne pas entraver la
marche de l'humanité. Elle trouve très légitime que vous aspiriez
vers un autre avenir, à la condition toutefois qu'au nom de vos
idées personnelles vous ne mettiez pas obstacle à la paix, sans
laquelle il n'y a pas de vie possible pour les individus et pour les
peuples. Êtes-vous capables de faire quelque chose d'utile au bien
public? Faites-le. Si vous n'avez que des regrets ou des espérances
à proposer, gardez-les pour vous! L'Église vous permet de pleurer
sur les ruines, et vous n'aurez jamais dans les yeux les larmes
de tendresse, de reconnaissance et de pitié qu'elle a versées
sur elles; mais la vie ne peut se passer à pleurer sur des ruines. Bon
gré mal gré, il faut passer outre : les ruines ne sont ni un pont sur
les eaux, ni un rempart contre les attaques à la vérité et à la justice.
Passons. S'il peut venir un jour où se relève de ces ruines un
temple pour abriter encore la majesté de la patrie, très bien! L'Église
applaudira; mais, en attendant, permettez-lui, si vous n'avez qu'une
tente à lui offrir, d'y abriter l'humanité. Les châteaux en Espagne
n'ont jamais valu, pour les individus et pour les peuples, le gourbi
de l'Arabe ou la hutte du Lapon.

Telle est, Messieurs, la politique de l'Église; il n'y en a pas d'autre, et tous les discours plus ou moins autorisés n'y font absolument rien. L'Église ne s'occupe pas des formes sociales, que les peuples modifient à leur gré; c'est leur affaire. Leur union à l'Église peut, à ce point de vue, leur valoir de sa part des observations auxquelles elle n'a jamais manqué quand elle les a crues utiles; mais ces observations n'atteignent pas le fond même du droit et, par conséquent, laissent subsister le pouvoir de gouverner, suivant leur tempérament et les circonstances, le développement de leur vie. Tant qu'ils n'attaquent pas la vérité et la morale qu'elle enseigne, tant qu'ils n'essaient pas de lui interdire l'entraînement de l'humanité vers ses destinées supérieures, elle s'incline devant leurs décisions; elle bénit leurs drapeaux, et laisse à Dieu le soin de décider, suivant qu'il lui convient, les destinées des constitutions nouvelles.

Pas plus qu'elle ne gêne les peuples dans leurs préférences, elle ne gêne les gouvernements dans leur action, à moins qu'ils n'aient aussi la prétention d'altérer la vérité et la justice. Alors elle se met en travers : « *Non licet !* Ce n'est pas permis ! » Les rois de France, les empereurs d'Allemagne, les podestats italiens, ont entendu ce *Non licet !* Certes, ce n'a pas été sans inconvénient pour l'Église. Depuis Grégoire VII disant, à Salerne : « J'ai aimé la justice et détesté l'iniquité : c'est la raison pour laquelle je meurs en exil, » jusqu'à Léon XIII, prisonnier au Vatican, les papes savent ce qu'il leur en coûte de défendre le droit. S'il ne s'agissait que d'une obscure personnalité, le monde lui pardonnerait peut-être ! Mais, elle, l'épouse de Jésus-Christ, la reine de l'humanité, la mère des siècles, oser dire à ces tyranneaux odieux et ridicules qu'ils se sont fourvoyés, allons donc, ce ne peut être toléré ! — L'Église n'en crie pas moins : *Non licet !* Eussiez-vous au manteau les abeilles de Charlemagne ou les lys de saint Louis : *Non licet !* Eussiez-vous l'ambition de représenter ce qu'il y a de plus puissant dans la France des temps actuels : *Non licet !* ce n'est pas permis ! Vous pourrez décréter, s'il vous plaît, Messieurs, par vous-mêmes ou par ceux qui expriment votre opinion, qu'elle a tort : *Non licet !* — Elle n'a point à fléchir le genou devant une individualité ni devant un peuple, et l'humanité, qu'elle a faite à son image, s'incline devant le seul roi qu'elle connaisse, c'est-à-dire Jésus-Christ. Fils de cette humanité, moi aussi, je plie le genou devant lui seul; j'offre à lui seul mon obéissance et mon service, et j'attends de lui seul la récompense promise à cette fidélité. Comme l'Église, ma mère, j'oublie les intérêts qui n'ont d'action et de prix que dans le temps et, l'œil fixé sur le Maître qui m'ouvre l'éternité, je lui dis avec elle : « Vous êtes le seul maître que je veuille servir » ; et, si les hommes disent : « Nous n'avons pas d'autre roi que César, » je leur réponds : « Je n'ai pas d'autre roi que Dieu. »

Ainsi, Messieurs, se ferme le cercle de nos études, au point de vue doctrinal. Mais il va se rouvrir au point de vue pratique et, dans la semaine qui commence, nous aurons à voir les applications des doctrines que nous avons exposées. Votre empressement, je l'espère, sera le même, votre sympathie continuera de me soutenir, j'aurai la joie de recueillir en vous le fruit de mes efforts, et j'aurai à vous dire, non seulement le merci de l'homme qui se réjouit d'avoir été compris, mais encore celui du prêtre qui attend de Jésus-Christ le seul prix convenable des âmes qu'il lui amène, c'est-à-dire le salut de son âme à lui-même.

AVIS IMPORTANT

Les Conférences paraîtront en volume très prochainement, soigneusement revues et enrichies de notes nombreuses.

On peut souscrire dès maintenant aux bureaux de la « Revue Thomiste », 222, faubourg Saint-Honoré, Paris.

Prix de catalogue .... 5 »
Prix de souscription (*franco*, en s'adressant directement à nous). 4 25

Le Gérant : P. SERTILLANGES.

PARIS. — F. LEVÉ, IMPRIMEUR DE L'ARCHEVÊCHÉ, RUE CASSETTE, 17.